손원경

해외 출장에서 돌아오시는 아버지의 양손 가득 들려있던 선물꾸러미에는 '600만 불의 사나이' 인형이 들어 있었다. 누가 알았을까, 이 친구가 내 운명을 바꾸어놓을 녀석이었다는 것을. 그렇게 중학교 시절부터 시작한 장난감 수집은 마흔 중반까지 이어지고 있다. 지금껏 수집한 장난감 종류만 수십만여 점, 다 세어보기도 힘들다.

남달리 시각이 예민했던 나는 대학에서 사진과 영화를 전공하고, 광고와 영화 일을 했다. 그러다 서른이 넘고 장난감 수집이 20년이 가까워지자 넘쳐나는 장난감을 주체할 길이 없어 장난감 박물관을 시작하게 되었다. 장난감 박물관에는 나의 꺼지지 않는 오늘이 오롯이 담겨있다. 현재 광고회사와 장난감 박물관을 운영 중이며, 전국을 순회하며 소장품으로 전시회도 열고 있다.

토이키노(TOYKINO) 장난감 박물관

2006년 서울 삼청동(1, 2관)에서 개관하였고, 파주 헤이리(3관)에 분관하였으며, 예술의 전당 전시를 비롯한 각종 기획전시 활동도 활발히 진행했다.

2015년 재개관하는 토이키노 장난감 박물관은 국내 최초의 '장난감' 박물관이며, 최다 종수의 전시물을 보유한 박물관이다. 대중에게 잘 알려진 장난감부터, 피규어, 빈티지 토이, 각국의 전통 민속 장난감까지 전시 영역이 실로 광범위하다. 명실공히 국내 장난감 문화의 선두주자라고 할 수 있는 박물관이다.

위치 : 서울특별시 종구 정동 22 경향아트힐 2층
개장시간 : 오전 10:00 ~ 오후 06:00 (명절 및 일요일 휴관)

거의 모든 장난감 이야기
더 토이북

거의 모든 장난감 이야기

the TOY BOOK
더 토이북

손원경 지음

매일경제신문사

'내 것'으로 만드는 재미

　소유의 욕망은 인간의 본성이다. 작은 물건에서부터 심지어는 사랑에 이르기까지, '갖는다' 또는 '내 것으로 삼는다'고 표현되는 이면에는 소유에 대한 갈망이 자리한다. 반드시 수집광은 아니더라도 누구나 절대 포기하지 못하는 특별한 소지품 하나쯤은 가지고 있을 것이다.

　그것이 나에게는 장난감이다.
　나는 어렸을 적부터 새로운 장난감, 더 많은 장난감, 나만이 가질 수 있는 장난감에 대해서 항상 집착했다. 흔히 볼 수 없는 장난감을 가진 것을 자랑스럽게 여겨 친구들 앞에서 으쓱한 기분을 느끼기도 하고, 손대지 못하게 하며 우쭐대기도 했다. 아직까지도 장난감을 수집하고 있는 것을 보면, 평범한 수준은 아닌 것 같다.
　그런데 나와 같은 어른들이 생각보다 많다. '키덜트'라는 단어가 주목 받게 된 것은 최근이지만 이전부터 자신만의 컬렉션을 가진 마니아들은 음지(?)에서 이미 활동하고 있었다. 이들을 통해 각종 커뮤니티들을 알음알음으로 찾아보면, '아동적'인 취미를 가진 어른들이 생각보다 많았다.
　그러나 요즘은 수집가들 외에도 많은 대중들이 장난감에 관심을 보이기 시작했다. 소수였던 컬렉터들은 그 수가 많아졌고 굳이 컬렉터가 아닌 사람들도 피규어, 캐릭터 상품 등에 관심이 많아졌다. 최근 열린 키덜트 페어에 가보면 장난감의 대중적 인기를 실감할 수 있다. 하나의 데이트 코스로 생각하는 사람들도 많지만, 그중에서도 단순한 관심에서 끝나지 않고 좀 더 깊이 문의하는 사람들도 많다. 내가 좋아하는 장난감의 역사나 종류 등 비하인드 스토리를 더 알고 싶어 하는 것이다. 따지고 보면, 어린 시절의 나도 이런 사람 중 하나였고 그렇게 30년간 장난감을 모으면서 많은 공부를 했다. 참고자료도 없는 상황에서 교수님들이 굳이 반기시지는 않는 논문을 쓰기 위해 진땀을 흘렸고, 잡지와 신문에 장난감 관련 글을 써보기도 했다. 자료가 없어 여기저기 뒤져가며 밤새 한 꼭지를 완성하면서 이런 장난감에 대한 참고서가 있었으면 좋겠다는 생각을 많이 했다.

미술작품을 한 점이라도 소유하고 있는 사람이라면 작품을 그린 작가에 대해 알고 싶고 그림이 나오게 된 배경도 알고 싶을 것이다. 하물며 평생 모아왔던 장난감에 대한 이야기를 알고 싶어 하지 않았을까. 내가 모아온 장난감들의 이력을 알아가는 것이 바로 '내 것'을 만드는 과정이자 즐거움이다. 알고 보면 장난감은 그것이 태어난 시대의 문화, 사회이슈와 밀접한 연관을 가지고 있다. 영화, 만화, TV 시리즈 등 미디어와 밀접한 연관성 가운데 발전한 장난감은 다양한 문화권에서 살았던 대중의 삶을 읽어내는 소중한 '문화유산'이다. 장식장에 두고 보는 것만으로 장난감의 의미는 크게 다가오지 않는다. 그것의 탄생배경과 역사, 특이점 등 장난감을 둘러싼 주변을 알아가는 재미가 진정으로 장난감을 수집하는 동기가 된다.

수집가와 컬렉터, 이 둘은 같은 의미다.

뭔가를 모으는 사람들. 하지만 수집가 보단 컬렉터가 왠지 어감이 근사하고 신선한 느낌이다. 수집가는 고미술이나 도자기에 어울릴 법하고 컬렉터는 새롭고 신기한 물건을 모으는 사람이랄까. 아무튼 컬렉터는 수집품목에서 관용도가 넓은 '21세기 수집가'를 대체하는 단어라고 생각한다. 장난감 수집이 주 종목인 필자도 직업란에 '장난감 컬렉터'라고 기입을 하는 편이 익숙한 것을 보면 컬렉터의 의미가 물건을 수집하는 사람 입장에선 더 어울리는 느낌이다.

　요즘 세대의 수집 품목은 정말 다양하다. 문구류를 모으는 사람, 운동화를 모으는 사람, 그릇을 모으는 사람 등 좋아하는 물건을 수집하는 취미는 자연스러운 취미활동이 되었다. 좋아하는 것, 모으고 싶은 물건이 있다는 것은 정말 행복한 취미다. 물론 경제적 이유로 사고 싶은 것을 못 살 때의 고통은 이루 말할 수 없지만. 그간 모아두었던 수집품들을 바라보고 있을 때면 깊은 행복감에 젖어든다. 하나둘 사 모으는 재미가 어느덧 분리될 수 없는 삶의 일부가 되었다면 당신은 이미 컬렉터의 길에 들어선 것이다.

　나와 같은 사람들을 위해 이 책을 집필하였다.
　무릇 모든 지식엔 '참고서'가 있기 마련이다. 철학, 과학, 미술 등과 같은 학문과 예술, 나아가 취미와 같은 작은 분야에도 참고서들은 셀 수 없이 많다. 지금까지의 자료를 정리하고 간추려서 장난감에 대한 참고서를 만들고 싶었다. 또한 이를 통해 내가 '물건'이 아닌 '문화'를 수집하는 사람이라는 것도 알리고 싶었다. 나와 같은 취미를 가진 이들이 장난감을 둘러싼 문화를 보다 더 '자신의 것으로 삼을 수' 있었으면 한다. 또한 특별히 장난감에 심취한 사람이 아니더라도 장난감을 더욱 재밌게 즐기는 데에 도움이 되었으면 한다.

토이키노 장난감 박물관장
손 원 경

CONTENTS

Prologue '내 것'으로 만드는 재미 4

PART 01
액션 피규어

액션 피규어란? 12
3.75인치 액션 피규어 14
7인치 액션 피규어 15
12인치 액션 피규어 20
기타 액션 피규어 사이즈 23
복각품, 스페셜 에디션 액션 피규어와
블랙 앤 화이트 액션 피규어 24
디오라마 액션 피규어 26
영화 캐릭터 피규어 27
애니메이션 액션 피규어 30
밀리터리 액션 피규어 32
스포츠 액션 피규어 34
피규어의 진화-컬렉션 상품 38
버스트 41
스테츄 42
프롭 44
레플리카 45
스튜디오 스케일 46
라이프 사이즈 47
3D 포스터 48

PART 02
캐릭터 상품

캐릭터의 정의와 탄생 52
장난감, 캐릭터와 만나다 54
캐릭터 산업의 중흥 56
캐릭터 장난감의 역사 58
캐릭터 산업의 정착과 액션 피규어 산업 59
캐릭터 산업에서 액션 피규어의 가치 63
캐릭터 머천다이징 64
캐릭터 상품의 종류 67

PART 03
캐릭터 장난감

상상 속의 주인공을 실제로 만나다 78
슈퍼 히어로의 탄생 80
액션 피규어의 시작을 알린 지.아이.조 82
장난감과 픽션의 만남 84
12인치 캐릭터 인형 86
SF 캐릭터 88
멀티유즈의 신화 스타워즈 90

PART 04

작은 장난감

아기자기한 크기의 매력 96

뽑기 장난감 98

캡슐토이, 가샤폰 99

블라인드 박스 피규어 100

병뚜껑 피규어 102

식완 104

큐브릭 105

베어브릭 112

패스트푸드 장난감 119

쉬라이히 미니 피규어 121

리틀 그린 아미 맨과 미니 디노 카운터스 122

미니카 124

PART 05

초합금 장난감

전쟁이 탄생시킨 장난감 128

로봇 애니메이션 130

초합금 장난감의 첫 번째 전성기 135

초합금 로봇 장난감의 부활 137

PART 06

인형

잠자리를 안전하게 지켜주는
어린이들의 친구 140

리얼 베이비 돌 142

블라블라 인형 143

마담 알렉산더 인형 144

일반 인형 146

바비 인형 147

테디베어 154

PART 07
오랜 역사의 장난감

오래 두어도 질리지 않는 장난감 166
마트료시카 168
슬링키와 슬링키 도그 170
틴토이 171
나무 장난감 176
와인드 업 장난감 183
미스터 포테이토 헤드 188

PART 08
놀이용 장난감

놀이와 장난감 196
풀 토이 200
플레이도 205
기차놀이 206
활과 칼 장난감 208
동물 장난감 212

PART 09
자동차 장난감

남자들의 영원한 관심사 216
와인드 업 자동차 219
풀 백 모터 자동차 221
자동 사운드 머신 자동차 222
무선 조종 자동차 223
다이캐스트 자동차 225

PART 10
자동차 총

문방구의 필수 품목 화약총 233

화약총 236

화약총의 진화, 모델건 238

여름날의 친구, 물총 241

스퀴지건 242

스쿼트건, 분무기 물총 243

펌핑액션 물총 245

슈퍼사커 246

PART 12
장식용 장난감

공간의 분위기를 바꾸는 장난감 262

오너먼트 264

도자기 인형 265

버블헤드 266

스노우글로브 271

참고문헌 282

PART 11
만드는 장난감

끼우고, 맞추고, 칠하고 248

프라모델 250

플레이모빌 252

레고 254

ACTION FIGURE

PART 01

액션 피규어

액션 피규어란?

액션 피규어(Action Figure)란 다양한 동작이 가능한 장난감 인형을 말한다(관절이 없는 장난감 인형도 있다). 액션 피규어의 사이즈는 3인치부터 18인치까지 다양하다. 보통은 플라스틱과 같은 재료로 제작되며 영화, 애니메이션, 만화책, 비디오 게임의 캐릭터를 소재로 만들어진다.

일반적으로 어떤 대상을 표현한 '조형물(좁은 뜻으로는 조형물 장난감)'을 '피규어(figure)'라고 하며, 이에 '활동력' 혹은 '움직임'을 뜻하는 '액션(action)'이 더해져 '액션 피규어'는 '움직이는 인형'을 말한다. 일반 장난감 인형과는 다르게 관절을 설계하여 움직임을 묘사할 수 있다. 액션 피규어는 다양한 재료로 만들어지며 캐릭터의 정밀한 표현이 제품의 흥행을 좌우한다.

'피규어'란 말이 일상에 등장한 지 10년이 훌쩍 넘었다. 사실 피규어가 처음 등장했을 때는 대중의 관심을 받지 못했다. 하지만 이제는 인기 있는 캐릭터를 재현한 액션 피규어는 출시되자마자 품절이 될 만큼 향유층이 두터워졌다.

이런 변화 속에서 피규어 수집가도 많이 늘었지만 일반인들의 피규어에 대한 인지도 상당히 달라졌다. "그냥 장난감이네" 혹은 "다 큰 어른이 장난감을 모으나봐"하면서 하찮은 취급을 했던 대중들이지만, 이제는 "저건 피규어군", "저 사람은 '액션 피규어' 수집가야"라며 피규어 수집 문화를 인정하기 시작했다. 또한 오랜 기간 피규어를 수집했던 수집가들은 "피규어는 장난감과 다르다"고 말하며 자신들의 수집행위를 구분 지었다.

액션 피규어의 정체성을 일반적인 장난감과 구분 지으려는 흐름은 피규어 수집 활동의 정통성을 확립하고자 하는 작은 욕심에서 비롯된 것이다. 피규어가 처음 수입될 즈음의 '낮잡아 보는' 시선들 때문에 수집가들은 무언가 '변명 아닌 변명'을 해야만 했던 것이다. 하지만 필자의 관점에서 피규어는 엄연히 장난감의 일종이다. 피규어는 어느 날 느닷없이 탄생한 것이 아니라 20세기의 장난감 역사 속에서 그 갈래가 분화되었기 때문이다. 앞으로 이어질 액션 피규어의 소개를 통해 피규어가 장난감의 자손임을 설명해 보일 것이다.

'12인치 피규어, 〈어벤져스〉 피규어, 〈원피스〉 피규어, 미소녀 피규어, 밀리터리 피규어….' 피규어는 수식어도 왜 이리 많이 붙는지, 머리가 아플 지경이다. 하지만 어려울 것 없다. 형태와 내용에 따른 피규어 분류법이 있기 때문이다.

먼저 피규어의 사이즈는 대개 인치 단위의 분류를 따른다. 3.75인치, 4인치, 7인치, 10인치, 12인치, 18인치 등으로 나누어지며 크기에 따라 제품의 품질도 크게 달라진다. 물론 가격도 천차만별이다.

1970년대 인기리에 방영되었던 '슈퍼 특공대(super friends)' 버전의 7인치 액션 피규어. 액션 피규어 시장에서 예전에 인기 있었던 콘텐츠를 재생산하는 것은 일반적인 일이다.

3.75인치 액션 피규어

　3.75인치 액션 피규어는 1977년 영화 〈스타워즈(Star Wars)〉 개봉 이후 캐너(Kenner) 사가 생산하여 정착된 사이즈이며 가격이 가장 저렴하다. 이 피규어는 팔, 다리가 움직이는 4인치가 조금 안 되는 캐릭터 인형이다. 이 피규어가 흥행에 성공한 이유는 영화 속 캐릭터가 매우 다양했기 때문이다. '스타워즈 3.75인치'는 가격 대비 품질도 우수한 상품이었다. 또한 이 사이즈의 액션 피규어는 어린이들의 손에 쥐기에 적합했으며, 장식장 또는 책상 등에 놓아두기에 보기도 좋았다. 결정적으로, 다양한 캐릭터를 사 모아 영화 속에 등장하는 비행선이나 우주 기지 등 플레이 세트를 제작하기에 물리적으로 적합한 사이즈였다. 정밀도는 좀 떨어지는 편이지만 아이들이 편안하게 가지고 놀기에는 아주 좋은 놀잇감으로, 요즘에도 비교적 저렴한 가격대에 판매되고 있다.

　하지만 1970년대와 1980년대 사이에 출시된 '민트박스(Mintbox, 미개봉 액션 피규어)'는 현재 가격이 어마어마하다. 1979년 〈스타워즈 에피소드 5〉 개봉 당시 출시된 3.75 액션 피규어의 가격은 8달러였지만 상태가 좋은 당시 제품의 현재 가격은 400달러를 훌쩍 넘는다.

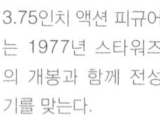

3.75인치 액션 피규어는 1977년 스타워즈의 개봉과 함께 전성기를 맞는다.

7인치 액션 피규어

7인치는 1990~2000년대(액션 피규어 중흥기) 가장 선호되던 사이즈이다. 《스폰》의 제작자 토드 맥팔레인이 자신의 캐릭터를 생산할 목적으로 '맥팔레인 토이(McFarlane Toy)'라는 회사를 만들어 유명해진 이 크기의 시리즈들은 《스폰》의 캐릭터 외에도 스포츠, 영화 등 다양한 장르의 액션 피규어를 생산하였다. 7인치 액션 피규어는 영화나 애니메이션의 주인공 혹은 운동선수의 다이내믹한 포즈와 얼굴 표정을 디테일하게 표현하여 액션 피규어 컬렉션의 새로운 트렌드를 몰고 온 사이즈이다. 마치 하나의 조각 작품이 연상되는 수준의 정밀한 재현을 추구한 제품으로, 한정판 '스태츄(statue: 조각상, 움직이지 않는 조각상)'와 '버스트(bust: 흉상)' 출시의 계기가 된다. 6~7인치 액션 피규어는 코믹북 슈퍼 히어로나 블록버스터 영화, 애니메이션 등에 등장하는 주요 캐릭터를 모델로 삼아 그들의 상징과

맥팔레인 사에서 나온 7인치 액션 피규어. 맥팔레인 사에서는 《스폰》을 시작으로 하여, 《터미네이터》, 《오스틴 파워》와 같은 영화 캐릭터 피규어도 출시했다. 특히, 이 회사에서 나온 스포츠 액션 피규어 시리즈는 10년 넘게 사랑받고 있는 장르다.

특징을 묘사한 제품들이 많다. 6~7인치 액션 피규어들은 소량다품종으로 생산되어 한정된 기간 판매되며, 시리즈의 콘셉트를 달리해 같은 캐릭터 제품을 여러 가지 버전으로 출시한다. 예를 들어 만화《슈퍼맨》캐릭터 제품을 〈슈퍼맨 맨 오브 스틸(Superman Man Of Steel)〉 시리즈, 〈슈퍼특공대(Super Friends)〉 시리즈 등으로 나눠 같은 제품들을 패키지만 바꾸어 반복적으로 출시한다(3.75인치 〈스타워즈〉 액션 피규어들도 유사한 마케팅을 펼친다).

이런 제품 시장 성격에서 6~7인치 마니아들은 패키지 디자인에 집착한다. 그들은 개봉되지 않은 상품에 의미를 부여하며 민트박스 컬렉터 집단을 형성하였다. 생산량이 많지 않아 품절된 제품들의 경우 프리미엄이 붙어 상당한 고가에 거래된다 하니 6~7인치 제품들은 수집의 가치가 상당히 높다고 볼 수 있다.

맥팔레인 사에서 출시한 〈오스틴 파워〉 시리즈.

9인치 이하 액션 피규어의 패키지 전략

다양한 품목의 시리즈를 많이 팔아야 하는 영화, 만화 제작사의 기획력은 보면 볼수록 대단하다. 이들과 공존하는 액션 피규어 제조사도 영화, 만화 작품의 출시에 따라 다양한 이름의 패키지를 소개한다. 패키지를 자세히 들여다보면, 동일 캐릭터가 여기저기서 '헤쳐, 모여'를 반복한다. 《킹덤컴》, 《인피니티 크리시스》, 《배트맨 허쉬》 등 새로운 그래픽노블이 출시되어 인기를 끌면, 여지없이 액션 피규어가 떼거지로 등장한다. 패키지로 여럿을 하나로 묶는 전략이 시장 반응을 얻지 못하면, 액션 피규어 세트 전종을 모두 구입하면 새로운 피규어를 합체 조립할 수 있도록 부품만 나누어 포장하기도 한다.

《배트맨 허쉬》 액션 피규어 시리즈.

토이비즈(Toybiz) 사에서 나온 마블 코믹스 7인치 피규어 시리즈.

12인치 액션 피규어

　12인치 액션 피규어는 2000년대 초반 홍콩 드래곤(Dragon) 사의 제2차 세계대전 밀리터리 액션 피규어와 2000년대 중반 핫토이(Hottoys) 사의 현대 밀리터리 피규어의 등장으로 유명해진 사이즈다. 액션 피규어 수집가의 대부분이 12인치를 시작으로 수집에 입문하였다고 봐도 무방하며 현재 아이언맨을 필두로 많은 슈퍼 히어로 액션 피규어가 사랑받고 있다.

　사실 12인치 액션 피규어는 역사가 가장 오래된 사이즈다. 1960년대 여자 아이들에겐 바비 인형이, 남자 아이들에겐 《지.아이.조(G. I. JOE)》의 군인 인형이 이 사이즈의 액션 피규어를 대표했다. 12인치 액션 피규어의 큰 특징은 3.75인치나 7인치의 액션 피규어와 달리 손과 발목 등의 관절까지 인간과 유사하게 움직인다는 점이다. 인형의 본체는 인간의 신체를 그대로 본뜬 플라스틱 몸체로 되어 있지만 그 위에 옷을 입힐 수 있는 특징도 있다.

사실 12인치 피규어는 남자, 여자에 어울리게 역할 놀이를 하며 가지고 노는 목적에서 개발되었지만 1990년대 피규어 붐이 일어난 이후 가장 많은 마니아를 보유하는 장르가 되었다. 이들을 통상 '12인치 마니아'라고 하는데 〈스타워즈〉나 〈007 제임스 본드〉, 〈이소룡〉, 〈스티브 맥퀸(Steve McQueen)〉 등 영화 캐릭터뿐만 아니라 제2차 세계대전의 독일군과 미군을 현실적으로 재연한 밀리터리 액션 피규어 등 수집 범위가 다양했다. 수집가들을 위한 12인치 액션 피규어는 옷과 신발, 액세서리들이 사실적인 디자인과 색상으로 제작되었고 인형의 머리와 손은 교체 가능한 상품으로 개발되었다.

12인치 피규어의 프로토타입은 사람의 얼굴 생김새와 피부색, 수염 등을 전문 원형사가 일일이 수작업으로 제작한다(사람의 손이 많이 가는 제품인

2000년대 후반 12인치 액션 피규어는 본격적으로 성인 마니아 시장을 공략하기 위해 섬세한 디테일로 승부하기 시작했다. 전설적인 액션 스타 이소룡의 12인치 액션 피규어.

만큼 가격도 비싸다). 몸체는 회사마다 규격에 맞게 대량생산되며 캐릭터의 의상이나 소품들도 철저한 고증하에 1/6 크기로 축소하여 제작한다. 뭐니 뭐니 해도 12인치 액션 피규어의 백미는 철저한 고증을 바탕으로 한 사실적인 재현이다. 이소룡 피규어는 '맹룡과강' 버전, '사망유희' 버전 등에 따라 의상뿐만 아니라 헤어스타일도 달리 제작되었다.

12인치 액션 피규어의 대형 조합물들

12인치 액션 피규어는 사이즈만 본다면 아이들이 가지고 놀기에는 불편함이 있다. 컬렉터들은 눈독 들이는 장르이지만, 꼬마들에게는 너무 큰 사이즈다. 이 사이즈 때문에 액션 피규어 제조사들이 12인치가 판매 효율 측면에서 장점이 없다고 판단했다. 그래서 12인치 장르는 발전이 더디었다. 12인치 사이즈가 효율이 떨어진다는 말은 액션 피규어의 부속물들, 즉 자동차와 비행기 등 액세서리 세트가 12인치 크기에 맞춰 출시하기에는 너무 크다는 뜻이다. 3.75인치와 4인치, 5인치 크기의 액션 피규어들은 다양한 플레이 세트를 계속적으로 출시하여 매출을 증대시킬 수 있지만, 12인치는 그런 방식의 대중적인 판매를 기대하기 어려웠다. 하지만 2000년대 이후 12인치 액션 피규어의 인기는 엄청난 속도로 치솟았고 〈에일리언〉 파워로더의 출시를 기점으로 12인치용 배트모빌(가로 길이 1m)과 아이언맨 작업실 디오라마 등 컬렉터를 대상으로 거대한 12인치 액션 피규어 세트들이 제작되고 있다. 2015년에는 〈백 투 더 퓨처〉의 드로리안 자동차가 출시된다고 하니 12인치 액션 피규어의 대형 조합물 성장은 눈여겨 봐야 할 듯싶다.

기타 액션 피규어 사이즈

1960~1970년대 미국에서 인기 있었던 메고(Mego) 사의 피규어는 10인치, 1980년대부터 《슈퍼맨》 만화의 제작사인 DC 코믹스(DC Comics) 사가 직접 제작한 액션 피규어는 5인치와 8인치 사이즈였다. 최근에는 12인치 피규어보다 좀 더 디테일한 표현이 되고 중량감 있는 18인치 액션 피규어도 생산되고 있다.

왼쪽부터　1970년대 10인치 스파이더맨 액션 피규어, 배트맨과 배트걸 13인치 액션 피규어, 영화 〈킬빌〉의 우마써먼의 18인치 액션 피규어.

복각품, 스페셜 에디션 액션 피규어와 블랙 앤 화이트 액션 피규어

    스페셜 액션 피규어는 제작 년도의 시대성을 중요시한다. 과거에 생산되었던 제품을 그대로 재현하여 추억을 상기시키는 것만큼 컬렉터의 수집 본능을 자극하는 것이 또 있을까. 어린 시절 자기가 가지고 놀았던 장난감을 복원하여 재생산한 복각 제품들은 그 시도만으로도 제조사에게 높은 점수를 줄 수 있겠다. 복각품 시리즈 외에도 특별한 형식을 갖춘 액션 피규어 상품도 있다. 작가의 친필 사인과 함께 도색하지 않은 원형 그대로의 피규어를 제품화하거나 액션 피규어 전체의 도색을 흑백(black & white)으로 하는 것이다. 이 흑백의 피규어들은 흑백 TV 시절의 향수를 담아 다수의 성인 수집가들을 포섭하고 있다.

1970년대 우리나라에서 인기리에 방영되었던, TV 만화영화 '아톰'과 '그레이트 마징가'의 흑백 버전 액션 피규어.

1950년대 배트맨 장난감과 만화책을 복각한 제품.

디오라마 액션 피규어

영화 혹은 애니메이션의 한 장면을 표현한 제품이다. 가지고 놀 수 있는 3.75인치의 플레이세트를 대신한 장르로 저렴한 수집용 제품으로 분류된다. 7인치 액션 피규어 사이즈에서 디오라마 시리즈가 많이 출시되는 편이었으나 최근에는 사이즈를 불문하고 제작, 판매되고 있다.

'심슨가족'의 플레이세트와 '세서미 스트리트'의 성인 버전의 인형극 머펫쇼.

ACTION FIGURE

영화 캐릭터 피규어

미국 태생의 주인공이 대부분이며 〈터미네이터〉, 〈에일리언〉, 〈스파이더맨〉 등 블록버스터 영화의 주인공들이 피규어로 만들어졌다. 영화가 큰 성공을 거두었다면 단역의 서브 캐릭터도 피규어로 생산되곤 하는데 이런 제품들이 의외로 희귀 제품이 되기도 한다. 제조사 입장에서는 메인 캐릭터보다 인지도가 낮을 것으로 예상하고 소량 생산했는데, 시장에서 예상 밖의 인기를 구가한다면? 당연히 이를 소장하고 싶은 마니아들 사이에서 가격 상승이 일어난다. 또한 영화 피규어들은 캐릭터의 얼굴 생김새가 실제와 얼마나 유사한가를 중요하게 여기지만 그에 어울리는 의상이나 총, 가방 같은 소품들도 중요하다. 제조사들은 피규어 인형의 소품에 집착하는 수집가를 겨냥해 12인치 피규어에 특정 소품을 추가하여 한정판 제품으로 출시하는 영악한 마케팅도 펼친다.

그러나 결국 무엇보다 중요한 것은 영화 속 캐릭터의 대중적 인기다. 제조사들은 이미 흥행이 검증된 영화나 유명배우가 출현하여 대박 조짐이 보이는 영화의 판권을 구매하기 위해 노력한다. 제아무리 잘 만든 제품이라도 원작 영화의 흥행이 우선되어야 하기 때문이다.

여기서 잠깐. 장난감에 입문하고자 하는 독자들이 상식적으로 알아둘 내용이 있다. 필자는 이따금씩 "미국산 슈퍼 히어로의 원작은 100% '코믹북'인데 모두 '영화 피규어'로 구분하나요?" 하는 식의 질문을 듣는다. 아직까지는 코믹북 버젼의 슈퍼 히어로보다 영화 버젼의 캐릭터가 12인치 피규어로 많이 생산되기 때문에 이따금 코믹북 스타일의 피규어는 '코믹 버젼'으로 제품

패키지에 표기한다. 또 만화 속 슈퍼 히어로의 코스튬 디자인과 영화 속 슈퍼 히어로의 코스튬 디자인은 매우 다른 경우가 많다(일례로 '엑스맨'의 울버린은 만화에선 노란 복장의 옷을 입고 가면을 쓰지만 영화에서는 검은색의 일체형 슈트를 입으며 가면은 쓰지 않는다). 영화 〈아이언맨〉의 성공 이후 〈어벤져스〉와 〈다크나이트〉로 정점을 구가하게 된 피규어 시장에서는 영화 피규어 내에서 슈퍼 히어로 피규어 장르가 독립하는 추세이기도 하다.

왼쪽부터 영화 〈터미네이터〉의 아놀드 슈왈츠제네거 라이프 사이즈 버스트, 〈007〉 제임스본드 숀코너리 프리미엄포멧 피규어.

위, 왼쪽부터 울버린 코믹북 버전 스테츄, 울버린 영화 버전 버블헤드.
애니메이션 버전의 스파이더맨 액션 피규어, 영화 〈스파이더맨〉의 토비 맥과이어 액션 피규어.

애니메이션 액션 피규어

어쨌든 영화 피규어도 미국의 캐릭터가 주종을 이룬다. 디즈니 사의 미키마우스, 도날드덕, 워너브라더스 사의 '루니툰(벅스바니가 가장 유명하다)', 스누피와 찰리브라운을 앞세운 '피너츠'와 괴짜 마을에 사는 괴짜 가족 '심슨패밀리', 초록 괴물 '슈렉', 〈크리스마스의 악몽〉 캐릭터 잭 등 헤아릴 수 없는 세계적인 캐릭터가 끝없이 펼쳐진다(미국 애니메이션 캐릭터에 대한 자세한 이야기는 다른 카테고리에서 다룬다).

이와 유사한 일본산 피규어는 소위 '애니메 피규어'라고 한다. 1970년대 향수를 자극하는 마징가와 그랜다이저 등 로봇 초합금 장난감의 복각이 주종을 이루던 2000년대 중반, 성적 표현에 관대한 일본인의 정서에 부합하는 미소녀 피규어가 뛰어난 품질로 소비자들을 유혹하기 시작했다. 노출의 수위도 각양각색으로 일본 만화의 모호한 인종 표현과 바비 인형을 뛰어넘는 과감한 노출, 노골적으로 묘사되는 인체의 곡선은 일본을 넘어 전 세계에 폭넓은 남성 수집가를 양산했다. 애니메 피규어를 논하는 데에, 만화 〈원피스〉를 빼놓을 수 없다. 주인공들이 겪는 모험담만큼이나 다양한 인물들이 등장하는 이 만화는 제조사마다 피규어 아츠 시리즈, POP 시리즈 등 이름을 모두 외우기도 힘들 만큼의 다양한 시리즈가 출시되었다. 우리나라 인터넷 쇼핑몰에서는 원피스 액션 피규어를 별도의 카테고리로 다루기도 했던 것을 감안하면 그 인기를 짐작할 수 있겠다. 이외에도 수십 년 동안 꾸준히 사랑받는 아톰, 도라에몽, 호빵맨 등도 애니메 피규어의 인기 캐릭터다.

위 슈렉과 심슨가족 액션 피규어 **아래** 아톰 양철 장난감과 도라에몽 피규어.

밀리터리 액션 피규어

밀리터리 액션 피규어는 말 그대로 '군인 인형'이다. 앞에서 잠깐 언급했지만 12인치 피규어의 절대왕조를 열어준 군인 피규어들은 386세대 남자들의 로망을 실현시켜준 장르이기도 하다.

1970년대와 1980년대에는 탱크와 로봇 장난감, 총 장난감 등 '프라모델', 일명 '조립식 장난감'을 만드는 것이 유행이었다. 조립식 장난감 중에서 최고의 인기 품목은 탱크와 전투기, 보병 등 1/35 스케일의 프라모델이었다. 1970년대 TV에선 하루가 멀다 하고 제2차 세계대전을 배경으로 한 전쟁 영화들이 방송되었고, 전쟁 영화에 빠진 꼬마들은 동네 문방구로 달려가 조립식 프라모델을 사 모았다. 어린 꼬마의 단순한 호기심은 그가 청소년이 되었을 때 프라모델을 에나멜 도료로 칠하는 수준의 근사한 취미로 발전되었고, 그 소년은 어른이 되자 '전문 모델러(프라모델 전문 도색가)' 혹은 그에 근접하는 전문 취미가로 성장하였다. 이렇듯 밀리터리 프라모델을 좋아하는 애호가들에게 꿈이 있다면? 그건 아마도 바비 인형 비율의 근사한 밀리터리 인형을 가져 보는 것이 아닐까 싶다. 내 군인 인형에 군장도 채워주고 군화도 신겨주고 총도 쥐어주는 재미를 누리고 싶을 거다.

밀리터리 피규어는 크게 대전류(제1·2차 세계대전)와 현용류(이라크 전의 미군 보병과 네이비씰 등 특수부대)로 나눠지며 이외에 중세기사, 로마군을 소재로 한 역사물 액션 피규어도 간간히 출시된다.

왼쪽 페이지 근대 군인 액션 피규어.
오른쪽 페이지 12인치 제2차 세계대전 밀리터리 피규어.

스포츠 액션 피규어

스포츠 액션 피규어는 프로 스포츠의 본 고장 미국에서 유난히 사랑받는 장르다. 일찍이 1950년대부터 프로 스포츠를 소재로 한 상품이 선을 보인 미국에서 본격적인 스포츠 인형이 등장한 것은 1960년대이다. MLB(미국 메이저리그 야구) 구단이 홍보 차원에서 제작한 '버블헤드' 인형이 그 효시인데 지금까지도 MLB 버블헤드는 수집가들의 인기 품목 중 하나다. 본격적인 스포츠 액션 피규어의 생산은 1970년대 후반이었지만, 1990년대에 들어 선수들의 다이내믹한 포즈와 표정을 리얼하게 재현한 7인치 액션 피규어가 등장하면서 스포츠 액션 피규어 수집가들의 숫자는 단숨에 폭증하게 된다.

동시대의 스타 플레이어와 추억의 스타 플레이어의 카테고리로 나뉘어 시리즈를 출시하기도 하고 홈과 어웨이 유니폼을 구분하여 각각 제작 수량을 달리하기도 한다. 출시 후 판매 시 특정 유니폼을 착용한 피규어가 품귀현상을 보이기도 한다. 수량이 적은 시리즈는 수집가들 사이에서 자연스럽게 익스클루시브(특별판)화되어 수집가들이 애간장을 태우게 만든다. 특히 레트로 져지(특정 선수가 이전 소속 구단에서 입었던 유니폼 혹은 역사적으로 기념되는 선수 시리즈)는 제조사의 소량 생산 원칙으로 손에 넣기가 쉽지 않은 스페셜 에디션이다. 현재는 NBA 12인치 플레이어 피규어가 출시되는 등 스포츠 액션 피규어의 성장이 밀리터리 액션 피규어의 시장 규모만큼 커지고 있다.

코비 브라이언트 7인치 액션 피규어.

미국 프로야구 MLB 액션 피규어.

피규어의 진화-컬렉션 상품

현대 사회는 '산업 생산물 잉여'의 사회다. 기업은 이윤을 위해 제품 생산을 멈추지 않는다. 그리고 끊임없는 소비를 이끌어 내기 위해 철저한 마케팅 기법으로 소비자의 욕구를 자극한다. 1960년대 이후 미국 장난감 제조사들은 너도 나도 소비 욕구를 자극할 만한 상품을 만드는 데 주력하기 시작했다. 제2차 세계대전 이후 호황을 누린 장난감 산업이 특정 제품에 집중되어 시장이 포화 상태가 됐기 때문이다. 이런 시대 분위기 속에 '장난감 영역'에서 출발한 피규어는 단순히 일회성 소비 목적이 아닌 수집 목적으로 변모하게 된다. 1980년대에는 장난감이 성인들의 수집 대상이 될 수 있다는 발상의 전환이 가능해졌고, 뒤이어 캐릭터 액션 피규어와 컬렉션 제품들의 전성기가 시작된다.

피규어 소재의 다양화도 이런 추세를 가속화하는 데 한몫했다. 예를 들어, 그 당시엔 생소했던 '우주괴물'이라는 특이한 소재와 섬뜩한 장면으로 'SF 호러'라는 새로운 장르를 개척한 영화 〈에일리언〉의 경우 끔찍하고 그로테스크(Grotesque)한 모습에도 불구하고 대중들에게 많은 사랑을 받았다. 2009년에 출시한 에일리언의 한정판 컬렉션은 여러 회사에서 끊임없이 제작되고 있으며 에일리언의 디자이너 H. G. 기거(H. G. Giger)의 또 다른 괴물 '스피시즈' 또한 마니아들에게 열광적인 지지를 받고 있다. 소비자가 원하는 제품을 마니아 시장에 제공함으로써 새로운 수요를 창출하는 것. 이것이 컬렉터 시장의 제1조건이다.

영화 〈에일리언〉의 스테츄.

〈반지의 제왕〉 레골라스 스테츄.

어쨌든 대부분의 피규어는 예술 작품이 아닌 기업의 상품이다. 상품은 보기 좋게 만들어져야 하지만 그에 걸맞은 이름도 지어져야 한다. 듣기에 그럴싸해야 상품의 품격도 덩달아 높아진다. 그러면 자연스레 가격도 높일 수 있고 구매자의 만족도도 높일 수 있다. 버스트(반신상), 스테츄(조각상), 프롭(영화 재현 소품) 등이 이들의 이름이다. 듣기만 해도 멋지지 않은가? 이것들은 12인치 피규어들이 대세가 되던 2000년대 초반 등장하여 많은 수집가들을 매혹시켰다. 소비자가 없다면 소비자를 만들어내야 하는 기업들은 수집가로 부각된 새로운 구매층을 겨냥해 새로운 상품을 끊임없이 생산해야 한다. 단 소비자들이 충족할 수 있도록 충분히 신선한 품목을 만들어내야 하며, 있던 것은 더욱 뛰어나게 업그레이드해야 한다. 따라서 '수집품'이라는 품위에 어울리는 정밀한 형태와 세밀한 묘사는 반드시 필요한 조건이다.

왼쪽부터 영화배우 존 웨인과 팝스타 엘비스 프레슬리의 스테츄.

버스트

　버스트(Bust)는 상반신 조각으로 제작된 피규어의 종류이다. 조각가의 작품을 연상시키는 고품격의 흉상을 말한다. 버스트는 고유 시리얼 넘버를 갖고 있는 한정 생산품이 대부분으로 이런 종류의 장난감 컬렉션은 각 회사별로 선주문의 형식을 띤다. 이름에 걸맞게 조각 같은 디테일과 색상을 뽐내며 고가 수집품의 대명사가 되었다. 종류는 미니 버스트(Mini Bust, 인체 대비 1/8), 레전더리 스케일 버스트(Legendary Scale Bust, 인체대비 1/2), 라이프 사이즈 버스트(Life Size Bust, 인체대비 1/1)가 있다.

위 영화 〈스타워즈〉의 요다 라이프 사이즈 버스트.
아래 영화 〈스타트렉〉의 주인공 미니 버스트.

스테츄

'메켓(Maquette)'으로 불리기도 하며, 전신 조각처럼 제작된 컬렉션의 한 종류이다. 버스트와 마찬가지로 고유 시리얼 넘버를 갖고 있는 한정 생산품이 대부분이며 각 회사별로 선주문의 형식을 띤다. 이 역시 섬세한 디테일과 색상을 자랑하며 버스트와 더불어 고가 수집품임을 자칭한다. 스테츄(Statue)는 원래 1980년대 초반 기념비적인 명성을 가진 영화배우나 가수들을 모델로 소량 제작되다가 근래 〈스타워즈〉와 《슈퍼 히어로》의 제품을 생산하여 컬렉터들의 열화와 같은 반응을 이끌어내고 있다. 특히 스테츄의 장르 중 프리미엄 포맷은 레진틀에 형태를 잡은 뒤 도색을 한 후 직물 재질의 옷을 입혀 사실감을 높였다. 스테츄(Statue, 인체대비 1/8), 프리미엄 포맷 피규어(Premium format figure, 인체대비 1/6), 코메킷(Comaqutte, 인체대비 1/8) 등이 있다.

왼쪽 코믹북 버전의 캡틴 아메리카 스테츄와 디오라마 스테츄.
오른쪽 그래픽노블 버전 배트맨 스테츄.

프롭

　영화 소품을 그대로 재현한 것을 말한다. 프롭(Prop) 장르에서 최고봉은 두 말할 나위 없이 〈스타워즈〉다. 〈스타워즈〉의 광선검은 다스베이더, 루크 스카이워커, 오비완캐노비 등 영화에 등장하는 모든 캐릭터의 무기가 실물 크기의 한정판으로 출시되었다. 보바펫의 총과 한솔로의 총도 〈스타워즈〉 프롭 수집가들의 베스트 아이템 중 하나다. 〈맨 인 블랙〉의 기억소멸 장치인 뉴트릴라이저, 〈캡틴 아메리카〉의 방패와 〈토르〉의 망치도 프롭의 인기 품목으로 급상승하였다. 영화 속 주인공이 되고 싶은 대중의 욕망이 '코스튬 플레이'로 대변된다면, 프롭 수집은 영화 제작자 혹은 감독의 입장에서 창작물의 부산물을 감상하고픈 마니아들의 소망이라고 할 수 있을까.

왼쪽부터 〈스타워즈〉에 등장하는 한솔로와 스톰트루퍼의 블레스터. 스틸 재질로 만들어져 사실적이다.

ACTION FIGURE

레플리카

이 장르의 원조는 '다이캐스팅 자동차'다(Replica). 소유하는 것은 감히 엄두조차 낼 수 없는 세계적인 명차를 소유하고 싶은 욕망은 20세기 중반 등장한 주물 덩어리 자동차를 매끈한 미니어처 자동차로 만들어 놓았다. 1:12 비율의 자동차 다이캐스팅이 수집가들의 우상이 되어가던 2000년대 초반, 영화 속 자동차들이 하나둘 다이캐스팅 모빌로 등장한다. 〈배트맨〉의 배트모빌, 〈고스트 버스터스〉 모빌, 〈백 투 더 퓨쳐〉의 드로리안, 〈007〉의 본드카 들이 동시에 출시되었다. 이후 〈스타워즈〉에 등장하는 X윙, 밀레니엄 팔콘 등 비행선마저도 1:100~300까지 다양한 다이캐스팅 모델로 등장한다. 조만간 1:1 스케일의 레플리카 자동차 혹은 비행선이 나타날지도.

위 〈007 나를 사랑하는 스파이〉에 등장했던 로터스 자동차의 다이캐스팅 모델
아래 1960년대 배트맨 TV 시리즈의 유틸리티 만능 벨트 레플리카.

스튜디오 스케일

레플리카 비이클(Replica Vehicle)의 일종이다. 하지만 이 장르는 이름이 말하는 바와 같이 비율이 중요하다. '스튜디오 스케일(Studio Scale)', 바로 영화에서 사용한 특수촬영 소품의 크기로 재현한 비율이다. 프롭처럼 영화의 소품을 갖고 싶어 하는 수집가들이 좋아할 만한 제품군이었으나 소재가 다양하지 않고 가격이 너무 비싼 단점이 있다.

영화 〈스타워즈〉에 등장하는 비행선 스노우 스피더의 스튜디오 스케일 레플리카.

라이프 사이즈

마니아들의 욕구는 이제 실제 사이즈의 스테츄를 소유하고자 하는 열망으로 확대되었다(Life Size). 〈스타워즈〉의 성공 이후 각종 경매에서 1:1 비율의 전신 인형들이 고가에 낙찰된 것을 시작으로 라이프 사이즈의 존재가 알려지기 시작했으며 최근에는 라이프 사이즈 전문 제조사가 등장하여 〈아이언맨〉부터 〈스타워즈〉 주인공들까지 살아있는 듯한 SF 히어로들을 만들어내고 있다.

왼쪽부터 배트맨, 스파이더맨.
최근 슈퍼 히어로 라이프 사이즈가 수집가들에게 높은 인기를 구가하고 있다.

3D 포스터

3D 포스터는 영화 포스터나 코믹북의 표지를 레진 혹은 PVC 조형으로 입체화한 것을 말한다. A4 크기의 사이즈로 출시되며 수집가보다는 영화 마니아를 타깃으로 제작된 대중적인 제품이다. 〈스타워즈〉나 슈퍼 히어로 관련 제품도 있었지만 추억의 영화 포스터와 유명 음반의 레코드 앨범도 3D포스터로 출시되었다. 당시에는 참신한 시도로 여겨져 반응이 나쁘지 않았으나 점차 시들해지는 분위기다.

왼쪽 코믹북 《스파이더맨》의 표지.
오른쪽 영화 〈스타워즈〉의 포스터를 입체화한 3D 포스터.

지금까지 알아본 피규어 컬렉션의 주된 소비층은 나이를 불문하고 남자들이 대부분이다. 일각에서는 남자들이 액션 피규어를 선호하는 것에 대해 관습적인 '남성성'의 재현이라는 비판도 있다. 그럼에도 불구하고 피규어는 그것을 즐기는 애호가들의 수집품으로 성장하였다. 액션 피규어 애호가들은 자신이 좋아하는 캐릭터가 신제품으로 출시되길 항상 고대하며 이 바람은 제조회사들의 상품 제작에 직접 반영된다. 제조사들은 소비자의 기호에 맞는 피규어들을 출시하기 전 홈페이지에 제품원형(prototype)을 공지하며 인기몰이를 시작한다. 기다리던 제품을 손에 쥐는 순간 컬렉터들은 피규어의 디자인에 탄복하며 행복감에 젖는다. 가지고 노는 것이 아니라 그저 감상을 위한 목적이지만 컬렉터들은 기꺼이 지갑을 연다.

CHARACTER PRODUCT

PART 02

캐릭터 상품

CHARACTER PRODUCT

캐릭터의 정의와 탄생

'캐릭터'는 1950년대 미국에서 유래한 단어로 사람이나 사물의 성격, 특징 또는 그래픽적인 마크나 알파벳 등의 기호활자를 뜻한다. 1920년대 미국에서는 '뽀빠이'와 '미키 마우스' 등 애니메이션이 큰 인기를 얻어 이와 관련된 여러 가지 상품이 나오게 되는데 모든 상품화 계약서에 애니메이션 주인공을 '팬시플 캐릭터(Fanciful Character)'라고 이름 붙인 것에서 '캐릭터(Character)'라는 말이 정의되었다. 미국은 캐릭터 산업의 출발점이며 이 산업이 가장 활발한 나라로 성장한다. 장난감에서 시작된 캐릭터 산업은 2000년대 이후 현재 500여 가지가 넘는 상품군으로 확장되었으며 그 시장 규모는 연간 100조 원이 넘는다고 한다.

미국 캐릭터 산업의 시작은 1872년 당시 〈뉴욕 헤럴드 트리뷴〉에 실려 인기를 모았던 '블루밍데일'의 캐릭터인 애견이었으며, 1909년에는 〈레이디스 홈저널〉이라는 잡지의 삽화에 귀여운 갓난아기 '큐피(Kewpie)'가 등장하였는데, 독일의 도자기 제조사가 계약, 도자기 인형(Porcelain Doll)으로 상품화된다. 당시 큐피 인형의 인기는 대단했다고 하는데, 1913년까지 500만 개의 도자기 인형을 팔았다고 한다. 이후 큐피 인형은 셀룰로이드 인형으로 대량 제조되어 지금도 잘 팔리고 있는 인기 캐릭터다.

1928년에 월트 디즈니는 첫 번째 유성 만화 영화 〈증기선 윌리(Steamboat Willie)〉를 통해 미키 마우스를 선보였고 미키 마우스는 미국에서 가장 유명한 캐릭터가 되었다. 1930년경 샤롯 크락크는 미키 마우스의 인형을 샘플로 만든 다음 디즈니 사에 판매를 허가해 주도록 부탁한다. 이것이 시작되어 미키 마우스는 캐릭터 상품으로 큰 인기를 얻는다. 디즈니 캐릭터의 본격적인 라이센스 업무는 케이 카멘(Harman K. Kamen)이라는 사람에 의해 시작되었으며 그는 단순한 장난감 제작이 아닌 라이센스 비즈니스로 발전시키는 계기를 만든다.

왼쪽 1970년대 버전의 뽀빠이 스테츄.
오른쪽 1920년대 만화 영화 〈증기선 윌리〉에 등장하는 미키 마우스.

장난감, 캐릭터와 만나다

1968년 만들어진 찰턴 헤스턴(Charlton Heston) 주연의 〈혹성탈출(Planet Of The Apes)〉의 마지막 장면. 인간처럼 진화한 원숭이들이 소리 나는 인형을 보고 소스라치게 놀란다. 원숭이들이 생각하는 인간은 모두 말 못하는 원시 동물이었는데 그런 인간들이 이런 인형을 만들다니? 말하는 장난감은 원숭이들 세계에는 없는 신비한 물건이었던 것이다. 이처럼 장난감은 그것이 태어난 시대의 문화적 척도이며, 그 시대의 기술력을 대변한다. 산업혁명 이전의 장난감은 대개 헝겊과 솜으로 만든 인형과 나무로 만든 칼 정도였다. 조금 고급스러운 문화를 향유하는 귀족들은 그나마 고급 드레스를 입은 오르골 인형을 소유할 수 있었다.

그러나 산업혁명의 신화는 장난감에도 변화를 가져왔다. 산업혁명의 상징적인 산업으로 일컬어지는 방직산업은 기존의 남루한 장난감 옷을 많은 이들의 눈을 사로잡는 화려한 옷으로 변화시켰다. 다양한 컬러의 옷을 입고 눈을 껌뻑이는 인형과 실제와 흡사하게 움직이는 장난감 기차는 아이들을 열광하게 했다. 하지만 19세기 말까지만 해도 이런 것은 부유층만이 누릴 수 있는 호사였다.

제1·2차 세계대전을 지나면서 장난감은 좀 더 대중에게 가까이 다가간다. 전쟁의 산물인 탱크, 무기 등에서 추출한 양철로 만든 장난감의 등장이 그 흐름의 주인공이다. 제2차 세계대전의 패전국 일본이 양철 장난감 제작의 선구자 노릇을 했는데, 값싼 노동력과 전쟁을 통해 축적된 기술력, 전쟁 폐기물인 고철을 활용해 만든 장난감을 전 세계에 수출하는 성공을 거두었다. 양철로 만든 자동차, 비행기, 로봇은 테디 베어(Teddy Bear, 1903년 처음 등장)와 함께 지금까지도 수집가들의 사랑을 받는 역사가 오랜 아이템이다. 전쟁 이후 미국사회에 등장한 중산층은 이런 장난감들의 주요 소비층이 되고 장난감회사들은 새로운 시장의 요구를 충족시키기 위해 여러 가지 변화를 시도한다. 그중 두드러진 것이 제2차 세계대전 전투기 모의실험을 응용한 모형 비행기와 지.아이.조(우리나라에선 1980년대 '지아이 유격대'로 소개됨) 인형의 등장이다. 비행기 메커니즘을 가져와 연료를 본체에 주입하고 조종기로 실제 하늘을 날 수 있는 비행기와 미국 현역군인을 소재로 제작된 지.아이.조 인형은 모형 비행기와 헬기, 12인치 피규어의 기원이 되고 있다. 미국 아이들은 지.아이.조 인형을 갖고 놀면서 제2차 세계대전 승전국인 미국이 세계 최강대국이라는 자부심을 가졌다. 또한 여성의 사회참여가 늘면서 여자아이들의 손에는 '바비(Barbie)'라 불리는 인형이 하나씩 쥐어졌다. 공주 드레스, 수영복을 입은 바비부터 스튜어디스, 간호사 바비까지, 특히 커리어우먼의 모습을 한 바비 인형은 여자아이들의 선망의 대상이 되며 여성의 사회참여 흐름을 선도하게 된다. 무엇보다도 1950년대 전후로 장난감 역사에는 중요한 흐름이 시작되었다. 바로 장난감과 영화, TV, 애니메이션의 결합, 즉 '캐릭터 장난감'의 탄생이 그것이다.

왼쪽 20세기 초반 인기 있었던 양철 장난감. 양철 화약총.
오른쪽 1930년대 미국의 인기 만화 《딕 트레이시》. 당시에는 이 만화의 캐릭터 상품이 나오지 않았다. 이 제품은 2000년대에 《딕 트레이시》 만화를 기념하여 만든 제품이다.

캐릭터 산업의 중흥

1930년대 말 등장한 DC 코믹스(Detective Comics)의 대표적인 만화 주인공 슈퍼맨과 배트맨이 1950년대 TV 시리즈로 등장한 것을 시작으로 할리우드 장르 영화들은 대중의 사랑을 한 몸에 받았다. 배트맨 가면과 슈퍼맨 로고 티셔츠가 불티나게 팔리고 카우보이 권총과 모자는 남자아이들의 필수품이 되었다. 1960년대의 007 제임스 본드 캐릭터는 높은 흥행성적을 거두어서 당시 생산되었던 모든 장난감 총에 '007'이란 이름이 새겨질 정도였다(당시 장난감이 현재 이베이(e-bay)에서 아주 비싼 가격에 거래되고 있다). 애니메이션 역시 디즈니의 미키와 도널드가 캐릭터화에 성공해 하나의 제국으로 성장한다.

개구쟁이 토끼 벅스 바니가 등장하는 '루니툰', 어수룩한 고양이와 꾀돌이 쥐의 대결 '톰과 제리', 시금치의 사나이 '뽀빠이' 등의 캐릭터 시장은 TV의 보급과 함께 미국의 핵심 산업으로 성장한다. '고인돌 가족'으로 유명한 제작자 한나 바바라(Hanna Barbera)와 월트 디즈니, 워너 브라더스와 같은 제작사도 '라이센스'라는 개념을 정립하고 장난감이나 문구류, 과자에 이르기까지 다양한 상품의 대량생산을 용인한다. 1960년대에 들어서 미국 캐릭터 시장은 프로풋볼(NFL)과 프로야구(MLB) 팀들의 심볼과 로고 등의 라이센스 등록이 활발해졌고 디즈니 사의 절대 인기 캐릭터 미키 마우스에 버금가는 대항마 '스누피'가 등장한다. 일본에서는 1960년대 컬러 TV 방송의 시작과 함께 '아톰', '요술공주 새리', '도라에몽', '캔디' 등 어린 아이들과 소년들뿐만 아니라 소녀 대상의 TV 만화도 히트를 친다. 〈철인 28호〉를 시작으로 1970

년대 〈마징가Z〉 등 일본의 거대 로봇 만화물은 미국의 히어로 캐릭터물과 같은 위치를 차지하며 어린이들의 인기를 모으기 시작했다.

　1970년대는 일본과 한국 등 제3국들이 미국으로의 상품 수출을 활발히 했던 시기다. 생산국의 다양화는 제품의 잉여 공급을 가능케 했고, 1977년 〈스타워즈〉의 히트는 캐릭터 장난감의 역사를 아예 바꾸어놓는다. 일본의 산리오 사는 1974년 '헬로우 키티' 캐릭터를 런칭하며 순수 캐릭터 비즈니스를 시작했으며 1970년대의 여학생을 중심으로 팬시 붐을 일으킨다. 또한 산리오 사는 낮은 연령층을 대상으로 한 장난감 캐릭터 산업을 팬시와 분리시켜 훗날 1980년대 이후 팬시 전문점의 복안을 마련한다. 이것을 시작으로 그때까지 '캐릭터 머천다이징'이라는 개념은 '캐릭터 라이센싱'으로 불리게 된다. 1980년대는 〈스타워즈〉 속편의 연이은 흥행은 액션 피규어 산업의 지속적인 성장을 이끌었다. 영화 〈E.T.〉 신드롬으로 미국 블록버스터 영화의 진격은 계속되었고, TV 만화 '트랜스포머'로 시작된 변신로봇 장난감의 생산과 지.아이.조 액션 피규어 사이즈의 다양화(12인치에서 3.75인치 크기로 줄어들며 상품군이 다양해지는데, 이 모두가 〈스타워즈〉의 영향이다)는 1990년대까지 이어진 흐름이었다.

왼쪽 1960년대 코믹북 《배트맨과 로빈》의 주인공들.
오른쪽 〈스타워즈〉 인기 캐릭터 스톰트루퍼의 캐릭터 상품들.

캐릭터 장난감의 역사

1930년 **장난감 캐릭터 태동기**	* 《배트맨》, 《슈퍼맨》의 코믹북의 탄생. * 월트 디즈니의 만화 캐릭터 등장과 극장용 만화 등장
1940~1950년대	* 할리우드 장르 영화(느와르 영화와 카우보이 영화)의 발전 * 〈톰과 제리〉, 〈뽀빠이〉, 〈루니 툰즈〉 극장용 만화와 TV 만화 등장 * 〈배트맨〉과 〈슈퍼맨〉 극장판 영화 제작
1960년대	* 〈007〉과 같은 첩보 액션 영화의 등장 * 〈배트맨〉과 〈슈퍼맨〉의 TV 시리즈 제작 * 찰스 슈츠(Charles Schulz)의 《피너츠》 신문연재 * 마블 사의 슈퍼히어로(엑스맨, 스파이더맨, 헐크)의 인기가 치솟음.
1970~1980년대	* 1977년 조지 루카스의 〈스타워즈〉 개봉과 블록버스터급 성공으로 전 방위적 캐릭터 상품화 성공 * 1988년 팀 버튼의 〈배트맨〉 개봉, 성인을 대상으로 상품화 * 각종 스포츠 스타 마케팅 본격화
1990년대	* 자본주의 경제화 이후 중국이 O.E.M(original equipment manufacturing, 주문자상표부착방식) 시장으로 부상 * 컴퓨터 그래픽의 발달 (〈터미네이터〉, 〈로보캅〉 등 새로운 SF 영화 등장 * 캐릭터 산업의 팽창 * 〈스타워즈〉 프리퀄 시리즈 에피소드1~3 개봉 * 액션 피규어의 저변이 나이를 불문하고 전 세계적으로 확장
2000년대	* 블록버스터 히어로 영화와 캐릭터 산업의 동반 상승(피규어 제작을 염두에 둔 캐릭터 디자인) * 스파이더맨과 엑스맨, 헐크, 아이언맨, 헬보이 그리고 기존 슈퍼맨의 재등장과 배트맨의 프리퀄 시리즈로의 새로운 출발

CHARACTER PRODUCT

캐릭터 산업의 정착과 액션 피규어 산업

1980년대와 1990년대에 이르러 캐릭터 산업은 고부가가치 산업으로 인식되며, 우리나라에서도 정부 차원에서의 지원을 시작한 시기이다. 당시 캐릭터 산업 출발 단계였던 우리나라와는 달리 미국 캐릭터 산업은 100년 가까운 역사를 자랑하며 이미 문화의 주축으로 자리 잡았다. 특히 어린이 정서에서 성인의 정서까지 아울러 연령층에 구애받지 않는 대중적이고 가정적인 미국 장난감 캐릭터의 특징은 시장에서 주목받기에 충분했다.

한편 1988년 팀 버튼 감독이 발표한 〈배트맨〉은 다시 시장을 들썩이게 만들었다. 이전 슈퍼 히어로와는 달리 자신에 대한 존재론적 의문과 고통을 가진 캐릭터인 배트맨은 온몸을 감싼 고무 소재의 검은 슈트만으로도 대중에게 강하게 어필하는 캐릭터였다. 1960년대 《배트맨(회색 망토, 마스크에 파란색 슈트, 노란 유틸리티 벨트)》이 아이들 취향에 맞춰졌다면 검정 단색의 1980년 버전 〈배트맨〉은 동화와 잔혹극을 넘나드는 모호한 경계로 기존의 천편일률적인 판타지와 차별화를 두었다. 기존 영웅물에 질린 팀 버튼 감독은 자신과 같은 세대를 위한 '어두운 슈퍼 히어로' 영화를 완성하였다. 이를 기점으로 어른들을 위한 장난감의 탄생, 이른바 장난감 산업의 '2차 성징'이 이루어진다. 1996년 조지 루카스도 〈스타워즈 에피소드 1〉을 제작 발표하기에 앞서 에피소드 4, 5, 6의 몇 장면을 디지털 복원하여 〈스타워즈 트릴로지(Trilogy)〉 3부작을 개봉하였다. 그 당시 우리나라에선 금방 간판을 내렸지만 스톰트루퍼나 다스 베이더의 코스튬을 입은 마니아들이 개봉 전 밤새 극장 앞에서 진을 치는 등 미국 내 〈스타워즈〉의 파급효과는 엄청났다. 이 상승세

를 이어 진일보한 컴퓨터 그래픽 기술력을 바탕으로 한 〈스타워즈 에피소드 1〉이 1997년 개봉된다. 수많은 스타워즈 추종자들이 궁금해했던 다스 베이더의 과거로부터 시작되는 이 시리즈는 영화적으로는 디지털 시대의 서막을 연 동시에 액션 피규어 산업에서도 새로운 붐을 일으켰다. 스타워즈의 라이센스를 가지고 있는 하스브로(Hasbro) 사는 〈스타워즈 에피소드 1〉의 캐릭터 장난감은 물론 에피소드 4, 5, 6의 캐릭터까지 재생산하여 마니아들을 열광케 했다.

위 1988년 팀 버튼 감독이 연출한 영화 〈배트맨〉 피규어.
아래 〈스타워즈〉의 상징 다스 베이더 피규어들과 〈스타워즈 에피소드 3〉의 3D포스터.

〈스폰〉 액션 피규어.

　　영화계의 디지털 밀레니엄(Digital Millenium)을 조지 루카스가 이끌었다면 피규어 장난감의 새 장을 연 사람은 만화〈스폰(Spawn)〉의 원작자인 토드 맥팔레인(Todd McFarlane)이었다. 스폰의 줄거리는 대략 이렇다. 미 정보국 요원이었던 한 흑인 첩보원 주인공이 동료에 의해 누명을 쓰고 죽음을 맞아 지옥에 간다. 거기서 주인공은 악마와 조우하는데 악마는 자신의 군대를 이끌고 인간 세상을 초토화시키면 주인공을 환생시켜준다는 조건을 제시하고, 이를 수락한 주인공이 다시 인간 세계로 나와 자신을 죽음으로 몰고 간 사람들에게 복수를 한다는 설정이다.

　　〈스폰〉은 기존의 슈퍼 히어로와 달리 악마와 계약을 맺은 진정 '어두운' 슈퍼 히어로다.

　　맥팔레인은 자신의 이름을 걸고 장난감 액션 피규어 제작에도 참여하였는데, 그것이 2009년 현재까지도 미국 피규어 시장을 주도하고 있는 '맥팔레인 토이'다. 맥팔레인 토이가 처음 출시한 제품은 스폰이 주를 이루었으나 그 뒤〈매트릭스(Matrix)〉,〈터미네이터(Terminator)〉등 블록버스터 영화의 캐릭터 피규어를 생산하며 인기를 끌었다. MLB의 열혈 팬이기도 한 그는 MLB(야구), NBA(농구), NFL(아이스하키)의 피규어들도 연달아 제작하여 큰 성공을 거두었다. 그는 장난감이 어린이들의 전유물이라는 기존의 상식을 깨고 수집 대상으로서의 장난감, 즉 액션 피규어 산업의 가능성을 예견했고 그것을 실행으로 옮겼다. 마니아들을 충족시킬 만한 섬세한 디테일과 계속해서 업그레이드되는 제작물들은 성인 장난감 시장에 새로운 패러다임을 제시하였고 이후 사이드 쇼(Sideshow), 젠틀 자이언트(Gentle Giant), 마스터 레플리카(Master Replica) 등 캐릭터 액션 피규어 시장에 새로운 제작사들이 생겨나 그와 경쟁구도를 이루게 되었다. 심지어 기존 장난감 제작업체인 하스브로, 바비 인형을 만드는 마텔(Mattel), 어린이 장난감 캐릭터를 만들던 플레이 메이트(Playmate) 등도 장난감 피규어의 디테일을 업그레이드하여 성인시장에 뛰어들었다. 2014년 현재, 미국 내 캐릭터 피규어 제작사는 50여 곳에 이른다. 토이저러스(Toysrus) 같은 장난감 전문 대형 마트와 액션 피규어 수집가를 상대하는 전문 숍은 LA에만 100여 곳이 넘고, 이베이를 통해 마니아들은 끊임없이 자신들의 컬렉션을 매운다. 우리나라의 경우, 1997년 인터넷이 상용화된 이후 생겨난 소규모 피규어 판매상을 시작으로 현재 30여 곳의 온라인 숍이 운영 중이다.

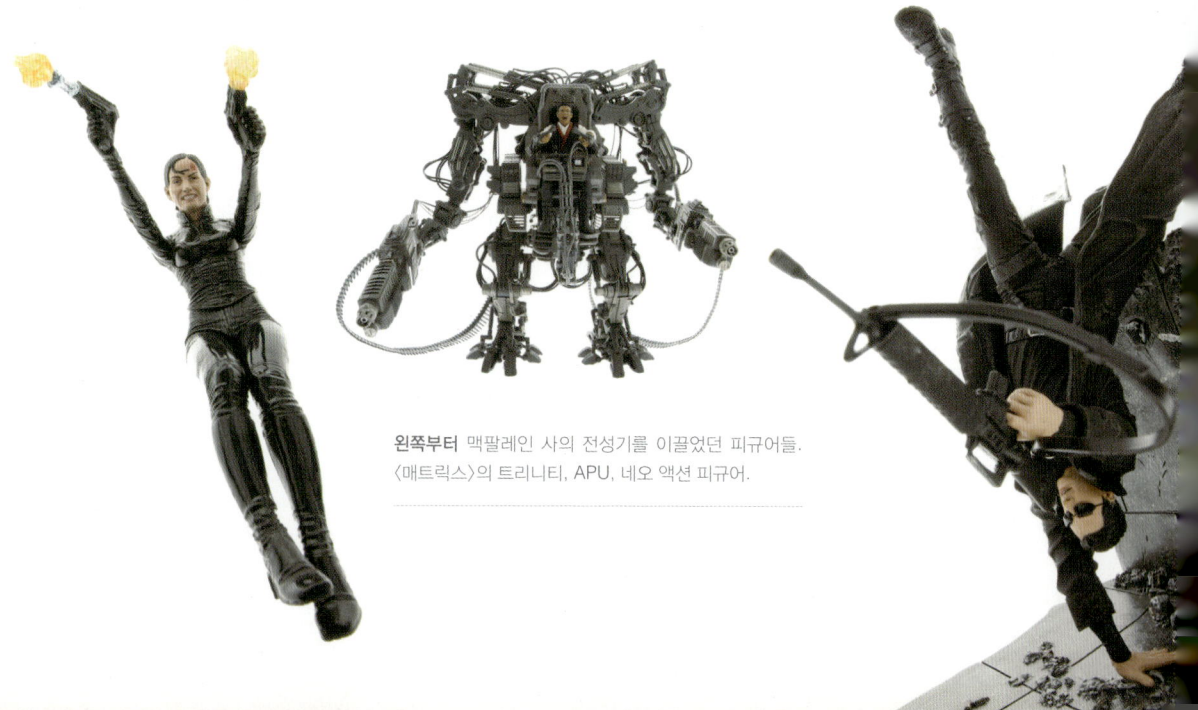

왼쪽부터 맥팔레인 사의 전성기를 이끌었던 피규어들.
〈매트릭스〉의 트리니티, APU, 네오 액션 피규어.

CHARACTER PRODUCT

로보캅 피규어.

캐릭터 산업에서 액션 피규어의 가치

액션 피규어는 장난감이라는 상품의 가치 진화를 위해 등장했다고 할 수 있다. 캐릭터의 디자인이 상품의 가치를 결정하는 데 결정적인 역할을 하는 캐릭터 상품에 있어서의 상품가치는 보다 심미적이고 감성적인 욕구가 더 많이 작용한다는 점을 감안할 때, 동일한 가격이면 당연히 미적 수준이 높은 상품이 높은 몸값을 받는다. 캐릭터 산업에서 있어서 미적 가치(문화적 가치)는 상품을 수용하는 소비자의 구매 욕구에 가장 중요한 요인으로 작용한다. 아무리 성공적인 영화의 캐릭터라도 출시된 피규어의 미적 가치에 소비자가 공감하지 못한다면 캐릭터로 인한 부가수입은 불가능하다. 일례로 1988년 영화〈로보캅〉의 성공에 힘입어 이를 피규어로 생산한 하스브로의 피규어는 그 조악함으로 인해 향유층에게 완전히 외면 받았다. 반면 2008년 핫토이사 에서 다시 출시된 12인치 로보캅 피규어는 정교한 디테일을 자랑하며 폭발적인 판매량을 기록했다. 이처럼 캐릭터 상품에서 미적 가치는 소비욕망을 끊임없이 자극하여 소비의 순환을 확대되게끔 한다. 따라서 우리는 캐릭터 상품을 구입할 때, 제작사 상표가 붙은, 즉 메이커 상품을 선호한다. 핫토이, 사이드쇼나 맥팔레인 같은 특정한 메이커의 캐릭터 상품들은 소비자로 하여금 더 깊은 신뢰감과 더 높은 문화적 가치를 부여하게 한다.

이제 장난감은 단순히 재미를 주는 하나의 놀잇감이 아니라 캐릭터 산업 안에 속하는 '컬렉션'이라는 문화 프레임이 되었다. '산업'이라는 개념은 문화 자체가 자본에 의해 움직이는 기업으로 전환되었음을 의미한다. 따라서 캐릭터 산업은 경제적인 가치의 실현을 그 목표로 한다.

캐릭터 머천다이징

스파이더맨 캐릭터를 예로 들어 캐릭터 상품화의 종류를 도표로 정리해보았다(Character Merchandising). 한 가지 캐릭터가 다양한 종류의 상품에 활용된다(One Source Multi Use).

마니아 타깃의 캐릭터 상품

4인치 피규어	라이프 사이즈 버스트	큐브릭(1.5인치)	7인치 피규어	축소 버스트
마그네틱 피규어	12인치 피규어	비닐 스테츄	북엔드	메킷
스테츄	버블헤드	디오라마 스테츄	미니 피규어 (가샤폰)	3D 포스터

아동 타깃의 캐릭터 상품

샴푸 케이스	자명종 시계	블록 완구
샤워타올	저금통	보드게임
동전지갑	물통	밴드에이드
키체인	플러쉬 인형	윈도우돌
휴대폰 거치대	런치박스	플레이세트

시대에 따른 피규어 패키지

1970년대	1990년대 게임 버전	2000년대 영화 〈스파이더맨 2〉 버전
1980년대	2000년대 TV 만화 버전	12인치 비저블 패키지
1990년대 코믹북 버전	2000년대 컬렉션용 블리스터 팩 디자인 (코믹북 포함)	12인치 바비 패키지
1990년대 코믹북 버전 2	2000년대 컬렉션용 블리스터팩 디자인 (코믹북 포함)	12인치 박스타입 패키지 1
1990년대 TV 만화 버전	2000년대 영화 〈스파이더맨 1〉 버전	12인치 박스타입 패키지 2

CHARACTER PRODUCT

캐릭터 상품의 종류

캐릭터 알람 시계

자명종 시계가 요란한 벨소리로 잠을 깨웠다면 만화 캐릭터가 입혀진 알람 시계는 재미난 캐릭터의 목소리와 효과음(만화 영화의 주제곡이나 배경 음악)으로 잠을 깨운다. 아침 일찍 일어나 학교에 가기 싫어하는 아이들을 유혹하기 위해 카툰 알람 시계가 등장했으며 40년 넘도록 아이들의 머리맡을 지키고 있다.

왼쪽, 위부터 월리스 앤 그로밋, 아기곰 푸우, 스파이더맨, 슈퍼맨 알람시계

캐릭터 저금통

저금통은 아이들에게 저축하는 습관을 훈육하기에 적당한 물건이다. 이 물건이 재미있는 만화 캐릭터라면 아이들에게 강요하지 않고 쉽게 저축을 유도할 수 있지 않을까. 저금통은 알람 시계와 마찬가지로 캐릭터 상품의 긍정적인 역할을 마다하지 않는다. 단순히 구멍에 동전을 굴려넣어 채워지는 저금통의 기능에서 최근엔 동전을 넣으면 불이 들어오거나 캐릭터의 주인공들이 대사를 하며 효과음이 나오는 재미난 기능을 가진 저금통들도 많이 생산되고 있다.

위, 왼쪽부터 금고모양의 슈퍼맨과 스파이더맨 저금통, 루팡 3세 진공청소기 저금통.

북앤드

책이 쓰러지지 않도록 정리하는 도구. 귀족들의 서재에서 아름다운 조각품으로 존재하던 북앤드가 캐릭터 상품으로 변모한 것이다. 어린이용이라기보다 서재에서 동심을 떠올리고 싶은 아빠들의 물건으로 적합하다. 한정판 스테츄와 버스트처럼 가격이 제법 비싼 편이며 2000년대 이후 급속히 늘어난 제품군에 속한다.

위 슈퍼맨과 배트맨 북엔드.
아래 스파이더맨과 샌드맨 북엔드.

캐릭터 전화기

아이들에게 독립심을 요구함과 동시에 사생활을 보장하는 서구의 부모들, 특히 미국의 부모들은 아주 어릴 때부터 자녀들의 방을 따로 만들어 주었다. 이렇게 형성된 아이들의 개인적인 성향은 자기 방에 전화기를 따로 놓아달라는 요구로 이어졌고 자연스럽게 캐릭터 전화기가 등장하게 된다. 디즈니 사의 여러 캐릭터와 슈퍼히어로 전화기들은 각양각색의 벨소리를 내며 사춘기 또래의 소년, 소녀들을 유혹하였다.

다양한 디자인의 미키 마우스 전화기.

캐릭터 액자

캐릭터 머천다이징에서 가장 유용하고 세대 구분이 없는 대중적인 캐릭터 상품이었으나 디지털 카메라와 스마트폰의 등장으로 최근에는 그 영향력이 감소한 상품군에 속한다.

푸우와 도널드 덕, 인어공주 등 디즈니 사의 캐릭터를 활용한 액자.

물통, 텀블러

아이들에겐 음료수, 어른들에겐 커피. 이게 '물통'과 '텀블러'의 차이가 아닐까. 1970년대 우리나라 초등학생들은 캐릭터 물통(태권V, 마징가Z, 들장미 소녀 캔디)에 보리차를 넣어 다녔다. 그들 나름대로 개성을 표현하는 방법이었다. 어른들도 천편일률적인 프랜차이즈 텀블러 대신, 자신을 드러낼 수 있는 캐릭터가 그려진 텀블러를 들고 다니면 어떨까.

스타워즈 캐릭터 물통.

머그컵

국내에서 머그컵은 15년 전만 해도 '생소한' 물건이었다. 컵은 컵인데 '머그'라니? 머그컵은 커피가 우리나라에 수입되어 맹위를 떨치던 무렵 대중화되었는데 이 컵의 발상지 또한 미국이다. '던킨(Dunkin)'이라는 도넛 브랜드를 기억한다면 머그컵의 대중화를 설명하기 쉬워진다.

어떤 사람이 도넛을 먹다가 커피에 빠뜨렸는데 다시 건져먹었더니 독특한 맛이 난다고 해서 '덩크 인(dunk in, ~ 에 적시다)'이라는 숙어를 사용했고, 그것이 브랜드가 되었다. 그리고 자연스럽게 이 로고가 새겨진 머그컵이 유행했다. 이후 다른 커피 브랜드들이 자사의 로고가 새겨진 머그컵을 판매하기 시작했고 그것이 캐릭터 상품으로 진화한 것이 현재의 캐릭터 머그컵이다.

미키 마우스와 미니 마우스의 콘셉트
디자인을 형상화한 머그컵.

스탠드 라이트

아이들 방의 지킴이. 어둔 밤 아이들의 잠자리를 밝게 지켜주는 스탠드 라이트는 캐릭터 제품과 결합하기에 아주 적당한 상품이다. 아이들과 캐릭터를 좋아하는 성인들에게도 사랑받는 아이템이며 최근에는 캐릭터가 새겨진 벽지나 침구류와 결합한 상품들이 속속 등장하고 있다.

왼쪽부터 디즈니 사의 구피 캐릭터 스탠드 라이트와 푸우와 버즈, 스파이더맨의 포터블 라이트.

스테이셔너리

캐릭터 문구류(stationery)는 아이뿐만 아니라 어른들도 좋아하는 제품군이다. 건조한 일상에 지친 직장인들이 자신의 책상 앞에서 소소한 즐거움을 느끼게 할 수 있는 것이 바로 캐릭터 스테이셔너리다. 2000년대 이후 캐릭터 스테이셔너리 상품은 급속한 성장을 하고 있으며 필통, 테이프 디스펜서, 메모클립 등 다양한 제품들이 생산되고 있다.

왼쪽부터 배트맨 펜 꽂이, 스파이더맨 필통,
디즈니 캐릭터 메모 꽂이, 미키 마우스 테이프 디스펜서.

열쇠고리

요즘은 '키체인(keychain)', '키링(keyring)'으로 많이 불린다. 열쇠를 끼우는 용도 외에도 가방에 붙여 액세서리용도로 사용하기도 한다. 핸드폰 등장 이후 핸드폰 인형의 높은 수요와 함께 동반 상승하여 요즘도 여전히 사랑받는 캐릭터 상품들 중 하나다.

위에 열거한 제품들 외에도 도시락(런치박스), 목욕용품, 미니 선풍기, 부채와 손전등 등 수많은 캐릭터 상품들이 있다. 생활용품과 장난감의 경계가 모호해지는 추세는 앞으로도 계속될 것이며 '키덜트(kidult, kid+adult의 신조어)'라는 신조어도 조만간 일상화된 어른들의 모습으로 비춰질 것이다.

왼쪽부터 사우스파크, 스파이더맨, 가필드, 마징가Z 열쇠고리.

CHARACTER TOY

PART 03

캐릭터 장난감

상상 속의 주인공을 실제로 만나다

슈퍼맨과 슈퍼걸이 만나는 장면을 입체적으로 재현한 디오라마 스테츄. 1960년대에 출간된 코믹북의 표지를 그대로 만들어낸 것이다. 20세기 만화와 영화에 대한 오마쥬로부터 캐릭터 장난감의 역사는 시작되었다고 할 수 있다.

왜 우리는 캐릭터 인형을 소유하려고 하는가? 그것은 아마도 영화 속 캐릭터에 깊이 매료됐기 때문일 것이다. 슈퍼 히어로 주인공들은 항상 실생활에서 불가능한 초인적인 힘을 보여준다. 그리고 그 캐릭터들을 관람하는 관객들에게 짜릿한 대리만족을 선사한다.

이와 같은 스크린 속 환상은 영화 기술이 발전할수록 그 폭이 확대된다. 1930년대 시작된 미국의 장르 영화 속에서 만화 영화와 SF 영화는 각각의 족적을 남기기 시작한다. 그러나 SF와 슈퍼 히어로 영화는 만화책의 상상력을 뿌리로 시작되었다는 공통점을 가지고 있다. 19세기말 시작된 인쇄 만화는 대중사회로 가는 근대적 산물이었다. 종이에 인쇄된 만화책은 비교적 저렴한 가격에 유통되었고, 신분과 소득에 상관없이 즐길 수 있는 문화상품이었다. 만화책이 도시사회에서 무료함을 달래주는 심심풀이 매체로 자리매김할 즈음 영화가 탄생한다. 시간이 지날수록 영화의 영상 기법과 만화책의 치밀한 구성력은 서로 상호 보완적인 성격을 갖게 되었고, 성장을 함께했다. 이 때문에 대중들이 누릴 수 있는 이야기들이 풍성해진 것은 반가운 일이다.

슈퍼 히어로의 탄생

1938년 슈퍼맨의 탄생은 어린이와 청소년을 20세기 대중문화의 주류로 편입시키는 계기가 된다. 1년 뒤 배트맨의 등장은 특히 소년 세대가 공유하는 문화의 중심축을 더 확고히 한다. 소년들의 슈퍼 히어로에 대한 동경은 출판사들의 만들어낸 서사적 이야기의 변주로 가능했다. 그들은 서양의 수많은 신화 속에서 영웅의 원형을 찾아내 주인공들에게 적용시켰다. 다시 말해 주인공의 영웅적 인물형을 부각시키기 위해 일정하게 패턴화된 영웅서사의 과정을 밟게 하는 것이다.

내용은 이렇다. 주인공들은 대개 출생의 비밀을 갖고 태어난다. 그들은 이유를 모른 체 버려졌거나 부모의 죽음으로 고아가 된다. 유년기의 주인공은 조력자로부터 가르침을 받으며 자신의 정체성을 깨닫고 영웅이 되기 위한 단계를 거친다. 항상 운명론적 난관에 부딪히지만 어려움을 극복하고 결국 적을 물리치며 세인들의 칭송을 받는 마지막으로 귀결된다. 그들의 초인적 힘은 정의를 위해서만 사용되며 사회를 위한 자기희생적 신념은 기본적인 덕목이다. 아이들에게 재미와 교훈을 동시에 선사하는 히어로 만화들은 국가적으로도 안전한 콘텐츠였다. 더욱이 만화주인공들은 제2차 세계대전 중에는 효율이 높은 선전무기가 되었다. 그들은 손쉽게 애국심을 고취시켰고 따라서 더 많은 슈퍼 히어로들의 등장을 오히려 권장했다. 슈퍼 히어로 만화들은 제2차 세계대전 종전 후 미·소 냉전시대를 거쳐 베트남 전쟁에 이르기까지의 기간 동안 대중문화와 정치적 이면을 오가며 폭넓은 사랑을 받는다. '정의'라는 이데올로기의 확고함 아래 영웅들의 활약은 지금도 계속되고 있다.

슈퍼맨 스테츄. 가슴을 풀어 헤치며 S로고를 과시하는 슈퍼맨의 심볼은 한 세기 넘게 소년들을 매료시켰다.

제2차 세계대전 중 탄생하여 어쩔 수 없이 강한 애국주의로 무장한 캡틴아메리카.

액션 피규어의 시작을 알린 지.아이.조

1960년대 중반 태어난 지.아이.조 인형은 '액션 피규어'라는 말을 만들어낸 주인공이다. 이 인형은 12인치에 가까운 11.5인치 크기이며 바비 인형처럼 옷을 바꾸어 입고 장비를 교체할 수 있는 장난감이다. 이 사이즈 액션 피규어의 큰 특징은 기존 남자 아이들의 장난감 인형과는 다르게 손과 발목 등 관절이 자유롭게 움직인다는 점이었다. 인형의 본체는 인체 모형을 그대로 본 딴 플라스틱 몸체로 되어 있지만 조금 더 사실에 가까웠다.

장난감 발명가 스턴 웨스턴(Stan Weston)이 구상한 이 장난감은 하스브로사에서 1964년 첫 시판한다. 남자아이들은 인형을 가지고 놀지 않는다는 고정관념을 비웃기라도 하듯, 지.아이.조는 전 세계적으로 엄청난 흥행성적을 거둔다. 손에 총 같은 무기들을 쥐어줄 수 있고 상황에 따라 다양한 유니폼을 입힐 수 있는 이 인형은 장난감 시장의 판도를 바꾼다. 지.아이.조의 또 다른 성공요인은 인형마다 개별적인 캐릭터를 구축한 것에 있다. 익명의 군인들이 아닌 각기 이름과 특징을 가지고 있는 개성 있는 제품들이었다.

하스브로사는 지.아이.조의 라이센스 독점권을 가지고 있었다. 유니폼 액세서리와 인형의 몸체까지 미국시장에서 하스브로는 광범위한 저작권을 소유하게 된다. 1년 뒤 타카라(Takara, 아동용 토이 제조사 토미(Tommy) 사와 합병한 뒤, 타카라 토미로 불림) 사가 하스브로 사에서 지.아이.조 인형의 라이센스를 인가받게 되고 2차 라이센스 제품 제작에 주안점을 둔다. 영국의 팔리토이(Palitoy) 사의 2차 라이센스를 획득한 츠쿠다(Tsukuda) 사는 팔리토이의 '액션맨(Action Man)'이란 인형의 액세서리의 제작과 판매를 시작한다.

타카라사와 메디콤(Medicom) 사도 지.아이.조 액션 피규어의 2차 라이센스를 얻고 생산에 들어간다. 이렇듯 미국 다음으로 일본은 액션 피규어의 주 생산국으로 성장하는 발판을 마련한다. 특히 타카라 사는 지.아이.조의 몸체를 바탕으로 '변신 사이보그 1(Henshin Cyborg 1)'란 액션 피규어를 제작한다. 액션 피규어의 몸통을 투명하게 하여 사이보그 로봇의 기계부품을 보여주는, 당시로서는 흥미로운 제품이었다. 이 액션 피규어를 기점으로 일본은 독특한 발상이 제품 디자인의 핵심이 된다. 이렇듯 1960년대는 미국과 일본의 액션 피규어 동반 성장의 시기였다.

1960년대 초창기 지.아이.조 액션 피규어.

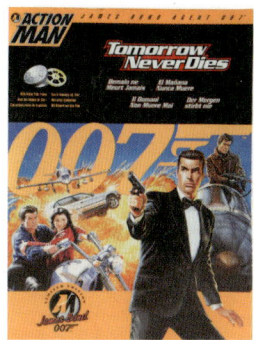

1980~1990년대 인기 있었던 12인치 액션 피규어 액션맨.

장난감과 픽션의 만남

1971년 미국 메고 사는 미국 히어로 캐릭터 시장의 양대 산맥인 마블(Marvel) 사와 DC 코믹스 사의 라이센스를 사들인다. 배트맨, 슈퍼맨, 스파이더맨, 헐크 등 메고 사의 액션 피규어들은 큰 인기를 누렸고 새로운 만화책 출간에 맞춰 매번 신제품들을 출시했다. 만화책에 새로운 악당이 등장할 때마다 출시되는 악당 캐릭터 제품들은 자연스럽게 스토리라인을 이어갔다. 정기적으로 출간되는 슈퍼 히어로 코믹북의 이야기는 새로운 제품 제작에 더할 나위 없이 좋은 소재였다. 예를 들어 새로 나온 코믹북의 내용이 스파이더맨과 악당 그린 고블린의 대결이었다고 가정해보자. 아이들은 이것을 가지고 놀며 만화 속의 이야기를 반복한다. 선과 악의 대립구도 속에서 아이들은 주인공처럼 선의 가치가 이기는 역할 놀이를 하며 악과 싸운다. 이들의 대립은 아이들을 몰입시키는 핵심 요소가 된다. 자신을 슈퍼 히어로와 동일시하고 공감하며 아이들은 알게 모르게 자신의 취향에 맞는 히어로 캐릭터에 대한 선호를 갖게 된다. 주인공이 보여주는 무한한 힘에 대한 동경과 반복된 놀이를 통해 남자아이들에게 익숙해진 슈퍼 히어로 장난감은 친숙한 놀잇감으로 자리잡는다.

위부터 배트맨 PVC 액션 피규어와 《스파이더맨》 코믹북 버전의 스테츄. 1970년대 이후 마블 사는 스파이더맨이, DC 코믹스 사는 배트맨이 대표 캐릭터로 자리잡는다.

위 1970년대 메고 사의 디자인 제품을 복각한 데어데블 액션 피규어.
아래 〈007 제임스 본드〉 액션 피규어. '007', '본드 필름', '본드 무비'로 불리는 이 영화는 긴 세월 동안 6명의 제임스 본드를 탄생시켰다.

12인치 캐릭터 인형

1974년 미국 ABC방송은 초능력을 지닌 인조인간을 소재로 한 TV 드라마를 제작한다. 일본 어린이용 사이보그 영화에서 영감을 얻어 제작된 이 TV 드라마는 우리나라에서도 1970년대 선풍적인 인기를 끌었던 '600만 불의 사나이(The six Million Dollar Man)'이다. 리 메이져스(Lee Majors)가 주연한 이 영화는 4년 동안 6시즌이 제작되었고 1976년엔 스핀오프 격인 특수공작원 소머즈(The Bionic Woman)까지 만들어진다. 1975년 캐너(Kenner) 사는 ABC 방송과 독점계약을 하고 '600만 불의 사나이'의 액션 피규어를 생산한다. 13인치 크기의 이 인형들은 '600만 불의 사나이'의 주인공인 오스틴 대령, 오스카 국장, 소머즈 등 다양한 캐릭터를 출시하였다. 캐너 사의 이 액션 피규어들은 기존의 제품보다 질 좋은 바디로 이뤄져 있었다. 팔과 다리 등 관절이 강화되어 움직임이 자연스러워졌고 몸체의 무게 중심이 잡혀져 받침대 없이도 바르게 서 있을 수 있었다. 인조인간 주인공에 어울리는 다양한 바디 액세서리와 영화 속 주인공이 입던 의상들은 당시로서는 꽤 리얼하게 재현하였다. 실사 영화의 캐릭터를 실감나게 창조해낸 캐너 사는 장난감의 색다른 소재 발굴에 노력한다. 다른 경쟁사들이 어린이 대상의 콘텐츠를 찾고 있을 때 캐너 사는 눈을 돌려 성공 가능성이 있는 실사 영화의 판권을 획득하는 데 집중했다. 그 결과 1976년 〈스타워즈〉의 감독 조지루카스(George Lucas)와 사전 라이센스 계약을 한다. 이 사건은 훗날 액션 피규어, 장난감 산업의 2막을 알리는 신호탄이 된다.

위 '600만 불의 사나이'와 '특수공작원 소머즈'의 액션 피규어. TV 시리즈의 네러티브 상에서도 러브라인이 그려지던 두 주인공을 의식해서 였을까, 바비 인형처럼 소머즈의 돌하우스와 여성스런 액세서리들도 출시되었다.
아래 600만 불의 사나이 패밀리 피규어

SF 캐릭터

1960년대 중반 미국에선 DC 코믹스 사의 대표적인 만화 《배트맨》이 TV 시리즈로 방송되어 큰 인기를 누렸다. 극장가에선 서부 영화, 첩보 영화, 전쟁 영화 등 다양한 장르영화가 선보였다. 영화의 성공은 뒤이어 다양한 장난감의 상품화로 이어졌다. 배트맨 가면과 군인 장난감이 불티나게 팔리고 카우보이 모자와 권총은 남자아이들의 필수 아이템이 되었다. 당시 여러 부류의 장르 영화 중 SF 영화는 B급 영화로 치부되어 특별한 장난감 상품이 출시되지 않은 것으로 전해진다. 소수 SF 마니아들이 재개봉 극장에서 모임을 하며 즐기는 정도였다고 한다. 하지만 TV 공상과학 시리즈 '스타트렉(Star Trek)'의 성공으로 대중들은 SF 영화의 가치를 다시 보게 된다. 우주선 스타트렉의 승무원들을 제품화한 피규어들이 인기리에 판매되고 점차 성인 팬덤이 생겨났다. 이런 SF 영화의 지지층을 기반으로 1977년 영화계의 큰 획을 긋게 된 〈스타워즈〉가 개봉한다. 〈스타워즈〉는 전 세계적으로 큰 흥행을 거두었고 이후 생산된 캐릭터의 부가 상품도 캐릭터 시장의 가치를 끌어올리는 선구자 역할을 하게 된다. 이후 영화 캐릭터 산업은 폭발적으로 성장한다.

〈스타워즈〉는 1977년 개봉하자마자 공상과학 히어로에 열광하는 미국인의 기호와 영웅 이야기를 접목해 대중의 관심을 사로잡았다. 단순한 줄거리와 화려한 영상은 〈스타워즈〉가 가진 가장 큰 힘이었다. 시나리오 상의 '포스(Force)' 라는 제다이 기사의 초능력도 아이들에게 영화적 환상을 자극하는 역할을 하였다. 〈스타워즈〉는 장르상 SF 영화로 구분되지만 그 내용은 악당 다스 베이더로 변한 아버지와 제다이 기사가 된 아들의 대결 구도다. 전투 도

'스타트렉' 액션 피규어 세트. 〈스타워즈〉 개봉 이전까지 최고의 인기를 누리던 SF TV 시리즈였다. 〈스타워즈〉의 개봉 이후 자극을 받아 극장판 시리즈도 만들어졌지만 〈스타워즈〉의 아성을 넘기에는 역부족이었다. 하지만 열혈 마니아 층을 가지고 있는 '스타트렉'은 미국에서는 SF 영화의 원조격으로 여기는 작품이다.

구인 광선검은 성스러운 전설 속 기사의 검과 다를 바 없고 은하계의 공주를 구하거나 군주가 있다는 설정 등은 어른이 봐도 매력적인 동화였다. 스토리라인의 친근함은 다양한 캐릭터를 이해시키기에 충분했다. 다스 베이더와 제다이 기사 루크, 루크를 따르는 로봇 등 메인 캐릭터부터 제국군대, 현상금 사냥꾼, 사막족 등 작은 단역의 서브 캐릭터까지 세밀한 설정은 아이와 어른을 모두 만족시킬 수 있었다. 어른들에게 〈스타워즈〉는 어릴 적 꿈꿔왔던 동화의 연장이었던 것이다. 〈스타워즈〉의 등장은 영화 시장에서 어른과 아이, 가족 모두가 한자리에 모일 수 있는 계기를 마련했다. 또 〈스타워즈〉는 아이들을 수동적인 소비자가 아닌 주체적 소비자로 재인식하는 계기가 되었다. 소비주체로서의 어린이 관객은 영화 외적으로도 우수한 파생상품들의 등장을 자극하였다. 이것은 영화 캐릭터 산업의 본격적인 출발점으로 볼 수 있다.

또한 〈스타워즈〉는 아이들을 대상으로 한 마케팅이 엄청난 시너지 효과를 불러온다는 사실을 영화사들에 각인시켰다. 〈스타워즈〉의 대성공 이후 블록버스터 영화는 가족과 청소년을 주 타깃으로 한 판타지 SF물로 바뀐다. 이것이 〈스타워즈〉가 미국 영화시장에 가져온 가장 큰 변화였다.

멀티유즈의 신화 스타워즈

성공적인 블록버스터 영화인 〈스타워즈〉는 장르상 SF 영화로 구분되지만 악당 다스 베이더로 변한 아버지와 제다이 기사 아들의 대결 구도로써, 결국 다스 베이더 안에 갇혀 있던 선한 마음의 아버지가 아들의 설득으로 악을 버리고 선을 되찾는다는 동화적인 결말의 서사를 갖는다. 두 부자가 대결하는 도구인 광선검은 아더 왕(King Arthur)의 검처럼 중세 기사의 검을 연상시키며 은하계의 공주를 구한다든지 군주가 있다든지 하는 설정은 누가 보아도 동화적인 구성이라 할 수 있다.

'가족 동화'로 대표되는 할리우드 SF 히어로 영화의 등장은 어린이들을 관람 주체로 인정하는 계기가 되었다. 이전까지 영화는 성인들만이 향유하는 문화처럼 인식된 면이 있었다. 어린이가 볼만한 영화가 없었기 때문이다. 〈스타워즈〉를 계기로 어린이 관객이 탄생한 것은 영화의 파생상품을 생산하는 시발점이 되었다. 어린이들은 영화 속 주인공들을 실제로 만나고 싶어 했기 때문이다. 이것이 영화 캐릭터산업의 시발점인데 어린아이에게서 출발한 만큼 당연히 장난감이 캐릭터 산업의 핵심이었다.

조지 루카스(George Lucas)의 〈스타워즈〉는 디즈니와 많이 닮았다. 둘 다 대표하는 메인 캐릭터가 있는데 바로 미키 마우스와 다스 베이더이다. 디즈니 만화 중 제일 대중적인 캐릭터는 미키 마우스다. 1928년 증기선 윌리를 시작으로 미니 마우스, 도널드 덕, 구피 등 다양한 서브 캐릭터를 내세운 디즈니는 아이들에게 친숙한 동물의 의인화로 이후 등장한 애니메이션들의 '교과서'가 됐다. 또한 에피소드식 이야기 구조는 아이들에게 명료한 캐릭터 이미지를 각인시켰다. 아이들은 단순 동물 인형이 아닌 미키, 도널드 인형을 원했고 LA 외곽에 디즈니 장난감 공장이 하나둘씩 들어섰다. 지나친 상업화에 대한 비판을 피해 디즈니는《백설 공주》나《피노키오》같은 동화를 영화화함으로써 균형을 맞추어 나갔다.

조지 루카스 역시 다스 베이더를 축으로 한 영화 주인공의 캐릭터화를 이루었다. 또한 중세 시대를 연상케 하는 동화적 장치를 영화 속 우주세계에 끌고 와 레이아 공주, 제다이 기사, 암흑세계의 제국 등을 설정하는가 하면, 유럽귀족의 집사를 은유적으로 빗댄 두 로봇 R2D2와 C3PO와 같은 캐릭터를 등장시켰다. 〈스타워즈〉는 고딕풍의 마스크를 쓴 다스 베이더라는 메인 캐릭터부터 제국군대, 해적, 현상금 사냥꾼, 사막족 등 작은 단역의 서브 캐릭터까지 디테일에 신경 씀으로써 아이들뿐만 아니라 어른들의 호응도 이끌어냈다.

〈스타워즈〉 오리지널의 핵심 축 다스 베이더와 루크 스카이워커를 패러디한 M&M 초콜릿 캐릭터. 이처럼 〈스타워즈〉는 50년 가까이 대중문화 전반에 큰 영향을 주었다.

〈스타워즈〉는 1977년 개봉 당시 엄청난 흥행 성적뿐 아니라 장난감과 캐릭터 상품 판매수익도 역사에 남을 만한 기록을 세웠으며, 이는 이후 상업영화의 캐릭터 구축전략의 공식이 된다. 1편 이후 속편이 계속 나오면서 영화 속 캐릭터의 종류가 늘어감에 따라 장난감의 종류도 점점 다양해졌다. 3.75인치 피규어라 불리는 캐릭터 인형과 영화 속 배경을 재현한 디오라마 놀이 세트는 품귀현상을 일으켜 예약판매를 하는 촌극을 빚기도 했다.

1977~1983년까지, 〈스타워즈〉 3부작은 그렇게 한 시대를 휩쓸고 지나갔다. 〈스타워즈〉 3부작이 나온 뒤 15년이 흘러 프리퀄 시리즈 〈스타워즈 에피소드 1〉이 나왔을 때, 루카스 필름은 수많은 캐릭터의 다양화(이것은 많은 종류의 액션 피규어를 생산, 판매하기 위한 전략이었다)를 추구함과 동시에, 서사적 흐름에 따른 단일 캐릭터의 비주얼 변화도 추구하였다. 예를 들면, 에피소드 1편에서 에피소드 3편까지 계속 등장하는 '오비완 케노비'라는 배역은 이완 맥그리거(Ewan Gordon McGregor)가 맡았는데, 극중 세월의 흐름에 따라 배역의 성격과 비주얼도 달리하여 동일 캐릭터의 멀티 유즈를 가능케

〈스타워즈〉의 유머러스한 캐릭터 C3PO와 R2D2. 시리즈가 계속되면서 아이들에게 가장 사랑받는 캐릭터로 발돋움한다.

했다. 또, '아나킨 스카이워커'는 1편에서 아역 배우가, 2편부터는 헤이든 크리스텐슨(Hayden Christenson)이 연기했는데, 에피소드2를 거쳐 에피소드 3으로 가는 최종의 목표는 악의 화신인 다스 베이더로 가는 여정이었기에 그의 멀티 유즈 또한 영화적으로나 상업적으로 가능했다.

1977년부터 2014년까지 출시된 〈스타워즈〉 캐릭터 상품의 분화는 다양하다. 4인치/12인치 피규어로 시작하여 4인치 피규어 플레이 세트, 우주선 모형, 프라 모델, 장난감 총, 시계, 신발, 의류, 가방, 모노폴리 게임, 수집용 카드, 만화책, 소설까지 출시되었다. 최근에는 성인용 의류와 전자제품, 시리얼 같은 생필품까지 〈스타워즈〉의 캐릭터가 등장하며 2003년부터 마케팅을 다양화하고 있다. 예를 들면, 2000년 블록완구의 대명사 스웨덴의 LEGO 사와 '스타워즈 시리즈' 생산 계약을 체결한 이후 수백 종의 레고 장난감이 생산되었고, 심지어 이 시리즈는 비디오 게임과 만화도 출시되었다.

〈스타워즈 에피소드 1〉부터 계속 등장한 캐릭터 오비완 케노비의 버스트와 스테츄. 왼쪽부터 젊은 시절과 노년.

다스 베이더와 스톰트루퍼 12인치 액션 피규어. 검은 다스 베이더와 그의 흰색 군대 스톰트루퍼들은 1977년 〈스타워즈 에피소드 4〉에서 영화의 첫 등장만으로 스크린을 장악하는 위용을 보여준다.

왼쪽부터 스톰트루퍼, 스노우트루퍼, 스카우트트루퍼 PVC 피규어. 모두 제국 군대의 병사들로, 에피소드마다 새롭게 등장한다.

MINI TOY

PART 04

작은 장난감

아기자기한 크기의 매력

　장난감의 사이즈는 대부분 아이들의 손 크기로 결정된다고 볼 수 있다. 장난감을 한창 가지고 노는 시기를 3~12세라고 할 때 장난감의 사이즈는 3인치에서 10인치 사이가 된다. 보다 큰 장난감도 있지만 이 크기의 장난감이 가장 보편적이다. 그런데 3인치 이하의 작은 장난감도 있을까? 물론 있다. 1~3.5cm 사이즈를 미니 장난감으로 분류하는데 현재 10여 가지 장르의 장난감이 인기가 있다. 18세기 무렵 아이들이 가지고 놀던 납으로 만든 꼬마 병정과 나무와 돌을 깎아서 만든 보드 게임의 콤포넌트(체스의 말)를 이 장르의 유래로 보는 것이 유력하다.

　20세기 초반 근대화된 장난감들이 큰 사이즈의 장난감 제작에 집착할 무렵 일본에서는 작은 인형 장난감이 큰 인기를 얻는다. '밀리터리 프라모델', 일명 '조립식 군인 인형' 장난감인데 인체 대비 1/35 사이즈로 출시되어 전 세계적으로 큰 인기를 얻는다. 오래전 역사 속에 감춰있던 납 인형의 재림이라고 할까. 1970년대를 거쳐 1980년대 남자아이들에게 20년 넘게 사랑받는다. 또한 일본에서는 '가샤폰(Gashapon)'이라 불리우는 뽑기 장난감이 유행하기 시작했는데, 그것들은 매우 앙증맞으면서도 뛰어난 디테일을 자랑했다. 좁은 집에서 생활하며 항상 지진의 피해를 걱정하는 일본인들에게 깨지지 않는 작은 미니 장난감들은 간편한 수집의 필수 요건을 충족시켜준 것이다. 우리나라에서는 1990년대에 핸드폰이 일상화되며 그에 맞춘 액세서리가 인기를 얻는다. 이때 미니 사이즈 인형들이 사랑받는 계기가 되는데 가지고 노는 장난감이 아닌 액세서리 개념의 미니 피규어는 작은 장난감의 대중화에 초석이 된다.

일본 고전 애니메이션 '사이보그 009' 미니 피규어.

위 그렘린 미니 피규어와 디즈니 캐릭터 미니 피규어. 모두 일본 회사에서 제작한 것이다.
아래 마징가Z와 그레이트마징가 SD 사이즈 미니 피규어.

뽑기 장난감

1980년대 일본에서 처음 등장한 장난감이다. 기계에 동전을 넣고 돌리면 플라스틱 캡슐 안에 들어있는 장난감이 나온다. 이 방식은 랜덤으로 뽑는 것으로 그 안의 장난감들은 고무지우개, 유리창에 달라붙는 끈끈이, 머리끈 등 아이들이 가지고 노는 조금은 조악한 장난감이었다. 1980년대 말부터 우리나라 문방구에 등장한 뽑기 장난감은 100원에서 출발하여 10년 동안 500원까지 가격이 상승한다. 그 당시에는 저작권의 개념이 없던 시기여서 뽑기 장난감의 대부분은 일본의 소위 '짝퉁' 캐릭터가 대부분이었다.

위부터 낙하산 뽑기 장난감과 고무인형.

캡슐토이, 가샤폰

뽑기 장난감의 정식 명칭이다. '가샤폰' 또는 '가차폰'이라고 하며 장난감 캡슐이 기계에서 나오는 소리를 표현한 단어가 '가샤'다. 반다이(Bandai) 사와 유진(yujin) 사, 타카라 토미 사가 주로 캡슐 토이를 제작 유통하며 원형의 플라스틱 캡슐 외에도 랜덤 형태의 블라인드 박스 세트도 판매한다. 2000년대 이후 이 장난감은 만화 영화나 게임 캐릭터의 미니 피규어들을 다수 출시하는데, 추억의 만화 캐릭터가 크게 히트를 친다. 세계 명작 만화 시리즈와 빨간 머리 앤, 알프스 소녀 하이디 등 장난감 수집 층에서 소외되었던 여성을 끌어들여 2000년대 초반 큰 매출을 올린다. 거의 모든 캡슐토이 수집가들은 자신들이 좋아하는 캐릭터를 전종으로 모으기 위해 오픈 박스(랜덤 상품을 소매업자가 골라내어 세트를 맞춘 상품)를 구매하거나 동호회에서 랜덤으로 뽑아 중복된 장난감들을 교환하기도 한다.

위, 왼쪽부터 빨간머리 앤, 미래소년 코난, 디즈니 명작 만화 주인공들의 가샤폰 시리즈.

블라인드 박스 피규어

　10여 종의 미니 피규어 장난감 세트. 박스마다 각기 다른 캐릭터가 들어있지만 포장박스는 모두 같은 디자인이다(Blind-box Trading Figures). 같은 캐릭터를 계속 집을 수도 있고 모두 다른 캐릭터를 건질 수도 있기 때문에 한마디로 복불복이다. 1990년대 말 등장한 블라인드 박스의 패키지의 마케팅 전략은 동일 상품을 중복 구매할 수도 있다는 단점에도 불구하고 소비자들의 구매를 자극하는 수단으로 자리 잡았다.

왼쪽부터 '도라에몽', 〈니모를 찾아서〉, '꼬마 유령 캐스퍼' 블라인드 박스 피규어(트레이딩 피규어). 블라인드 박스 피규어들은 가샤폰보다 높은 퀄리티를 자랑한다.

병뚜껑 피규어

1990년대 말 펩시 사에서 시작한 이벤트에서 유래되었다. 당시 펩시 사는 경쟁사인 코카콜라 사의 캐릭터 북극곰에 필적할 만한 캐릭터를 선보이는데 그것이 바로 '펩시맨'이었다. 펩시 사는 TV 광고에 펩시맨을 내보내며 다양한 머천다이징을 선보이는데 그중 펩시맨 보틀캡(Bottle Cap Figures)이 있다.

보틀캡은 말 그대로 병마개다. 1970년대의 병 음료, 1980년대의 캔 음료의 시대가 지나고 1990년대 플라스틱 패트병 음료가 대중화된 시기 패트병에 꼭 맞는 보틀캡 캐릭터를 출시한 펩시 사는 당시 코카콜라 사의 아성을 잠시 뛰어넘는다. 펩시 사의 펩시맨 마케팅이 휩쓸고 지나간 후에도 보틀캡 캐릭터 상품은 꾸준히 출시된다. 〈스타워즈〉, '울트라맨', 〈스파이더맨〉 등 인기 있는 만화와 영화의 주인공들은 지금도 시리즈 상품으로 나오고 있다.

왼쪽, 위부터 얏타맨, 가면라이더, 도라에몽 보틀캡 시리즈.

식완

'식품 완구(Candy toy)'의 줄임말이다. 이 품목 또한 일본에서 시작된 것으로 작고 저렴한 장난감을 사탕과 함께 판매하는 것을 말한다. 작은 박스 안에 장난감과 사탕 혹은 과자가 함께 들어있는 상품으로 과자 제조사가 1970년대부터 상업적으로 이용했던 판매 전략이었다. 원래의 목적은 과자나 사탕을 많이 팔기 위해 시작되었지만 점차 장난감이 '주'가 되고 사탕이 '객'이 되는 역전 현상이 나타난다. 2000년대 이후 캡슐토이와 마찬가지로 많은 마니아층이 형성된다. 애니메이션과 영화 캐릭터의 미니 피규어 외에도 탱크 밀리터리 시리즈, 올드 클래식 카 시리즈 등 다양한 식완 제품들이 선보이며 사랑받는다.

식품 완구에 제일 많이 등장하는 호빵맨.

〈스타워즈〉의 한솔로와 루크 스카이워커 400% 큐브릭.

큐브릭

장난감 인형의 크기에는 여러 종류가 있다. 5살에서 10살 미만의 아이들이 친구처럼 안고 놀 수 있는 큰 동물 인형부터 어른들도 좋아하는 레고 미니피규어들까지 천차만별이다. 그중에 손가락 두 마디 크기의 작은 장난감인 큐브릭(Kubrick)이란 제품이 있다. 영화나 만화 캐릭터를 소재로 만들어진 이 장난감은 최근 성인 수집가들에게 큰 사랑을 받고 있다. 그들이 큐브릭을 선호하는 제일 큰 이유는 레고 미니 피규어를 닮은 앙증맞은 사이즈 때문일 것이다. 이처럼 큐브릭의 디자인은 레고를 기억하는 세대들을 유혹하기에 부족함이 없다. 그리고 작은 크기의 큐브릭은 혼자 사는 젊은 컬렉터들의 수집 공간에 적합하다는 장점이 있다. 무엇보다 큐브릭 제품은 영화 캐릭터의 특징을 만화적으로 재현한 독특한 표현력으로 신세대 수집가들이 선호하는 수집 아이템으로 자리 잡았다. 〈스타워즈〉의 제다이 기사와 DC 코믹스, 마블 코믹스의 슈퍼 히어로들은 10년이 넘는 큐브릭의 인기 상품들이다.

큐브릭은 메디콤 토이(Medicom Toy) 사의 대표 타츠히코 아카시(Tatsuhiko Akashi)가 직접 나서서 성인 장난감 수집가를 대상으로 개발된 제품이다. 1997년부터 레고 사의 디자이너들과 공동 제작을 시작하였고 2000년 일본 애니메이션 〈신세기 에반게리온〉 큐브릭 제품을 첫 출시한다. 장난감 시장에서 큐브릭이 소비자들의 즉각적인 반응을 얻자 아카시 회장은 1년 뒤 베어브릭(Be@rbrick)을 내놓는다(사실 베어브릭이 먼저 기획되었지만 제품 출시는 큐브릭이 앞선다).

현재 영화캐릭터의 큐브릭과 아트토이를 대표하는 베어브릭은 세계적인 명성을 자랑하는 장난감으로 성장했다. 하지만 외국 국적의 수집가보다 일본인 위주의 수집을 중심으로 유통망이 형성되어 전 세계 장난감 도매상들에게 폐쇄적이라는 원성도 사고 있다. 그럼에도 불구하고 매년 여러 가지 시리즈의 큐브릭과 베어브릭이 출시되고 있으며 많은 큐브릭, 베어브릭 마니아들은 자신들이 좋아하는 제품을 구하기 위해 안간힘을 쓰고 있다.

위부터 세서미 스트리트, 슈렉, 몬스터시리즈 큐브릭.

배트맨 큐브릭 400% 사이즈.

　　베어브릭이 곰돌이 블록 인형이라는 모티브를 갖고 있다면 큐브릭은 '블록 스타일 피규어'를 지향한다. 큐브릭이 액션 피규어의 주된 소재인 영화 캐릭터를 다루기 때문에 피규어의 범주로 보는 것이다. 한편 베어브릭의 다리 디자인과 동일한 모양의 큐브릭은 상체의 모습은 레고 미니 피규어의 형태를 떠오르게 한다. 큐브릭의 상체는 인간의 몸을 축약한 형태로 귀여운 사람 모양의 인형이라는 느낌이 들도록 디자인 되었다. 베어브릭이 6가지 크기의 종류가 있다면 큐브릭은 3가지 스케일의 상품군이 있다. 100%-6cm, 400%-24cm, 1000%-60cm이다. 또 큐브릭은 베어브릭의 마케팅과 동일한 전략을 고수한다. 한정 수량 출시와 절대로 재생산을 하지 않는다는 점, 13세 이상(베어브릭은 15세 이상)의 제품임을 명시하는 것과 대체적으로 블라인드 박스로 출시하는 것 등이다. 무엇보다 공급 수량을 조절하여 출시 이후 가격이 올라가는 판매 후의 고 가치 전략(Highly Sought-After)은 베어브릭과 함께 메디콤 토이 사의 주요 마케팅 콘셉트로 자리 잡았다.

왼쪽부터 〈크리스마스의 악몽〉과 미키 마우스 캐릭터 디자인 큐브릭.

'큐브릭(Kubrick)'은 'ku'와 'brick'의 합성어이다. brick은 레고 같은 블록 장난감을 상징하는 벽돌이란 뜻의 영어 단어이지만 ku는 무슨 의미일까? 먼저 큐브릭이란 단어의 기원을 살펴보면 영화감독 스탠리 큐브릭(Stanley Kubrick)을 이야기하지 않을 수 없다. 메디콤 토이 사는 그의 이름에서 처음 장난감 이름의 영감을 얻었다고 한다. 그래서 큐브릭 감독을 경외하는 의미로 그의 영화 〈시계 태엽 오렌지〉에 나오는 스탠리 큐브릭이란 문자 디자인을 그대로 사용하였다고 한다. 또 다른 의미에서 큐브릭은 9라는 숫자와 연관이 있다. 큐브릭의 kyu는 일본어로 숫자 9를 뜻한다. 그리고 큐브릭은 머리, 가슴, 엉덩이와 두 개의 팔과 손, 다리로 구성된다. 그 개수를 합쳐보면 9개 즉 일본어로 kyu가 된다. 따라서 이를 조합해서 만든 단어가 바로 '큐브릭(Kubrick)'. 일본 사람들의 상술이 뛰어나다고는 하지만 큐브릭의 어원에 대한 설명은 정말 작위성의 절정을 보는 듯하다.

지금 우리 시대의 가장 강력한 문화 매체는 영화라고 해도 과언이 아닐 것이다. 특히 블록버스터급 영화의 힘은 다양한 상품전략과 결합하여 수많은 제품들을 양산하였다. 소비자가 낯설어하는 브랜드의 제품이라 할지라도 유명 영화의 캐릭터를 광고에 활용하면 그 상품은 순식간에 스테디셀러로 등극하기도 한다. 큐브릭 장난감은 인기 영화와 애니메이션의 캐릭터를 제품

왼쪽부터 〈스타워즈〉 샌드트루퍼 큐브릭과 다스 베이더 큐브릭.

화하여 빠른 시간에 대중들에게 어필하는 전략으로 출발하였다. 〈스타워즈〉를 필두로 〈엑스맨〉, 〈배트맨〉 등 슈퍼 히어로 캐릭터와 미키 마우스, 도날드 덕과 같은 디즈니 사의 애니메이션 캐릭터들을 연이어 출시한다. 특히 메디콤 토이 사는 다양한 영화 팬들을 흡수하기 위해 〈터미네이터〉, 〈매트릭스〉 등 SF 영화 외에도 〈유주얼 서스펙트〉 같은 스릴러 영화의 큐브릭도 제작하였다. 이렇듯 2000년대 중반 메디콤 토이 사의 폭넓고 공격적인 마케팅은 단기간에 큐브릭을 인기 검색어로 만들어 놓았다. 일본에 큐브릭을 사기위해 여행을 가는 마니아들도 생겨났고 인터넷 쇼핑몰에서 큐브릭 제품을 파는 곳도 늘어났다. 길거리에서는 큐브릭 정품과 유사한 제품(혹은 진품 일지 모르는)을 파는 노점상이 눈에 자주 띄게 되었다(메디콤 토이 사의 자사 제품인 베어브릭도 큐브릭의 인기와 맥락을 함께 한다). 큐브릭은 블라인드 박스 타입의 제품 외에도 색다른 패키지의 제품들도 출시하여 마니아들이 수집하는 재미를 다양화했다. 여성 큐브릭 수집가들이 귀여운 영화 캐릭터와 애니메이션 캐릭터에 집중하는 양상이라면 남성 마니아들은 자신이 좋아하는 영화의 캐릭터들을 심층적으로 수집한다. 그들은 같은 캐릭터라 할지라도 자신만의 수집 목적에 의해 동일한 제품을 여러 개 구입하기도 한다.

〈스타워즈〉의 다스 베이더를 호위하기 위해 여러 개의 스톰트루퍼 병사들을 구입하는 수집가들의 모습에서 큐브릭이 가진 마력을 엿볼 수 있다. 그러나 큐브릭의 소재가 영화와 만화에만 국한된 것은 아니다. 유명 과자와 시리얼 제품의 마스코트들을 큐브릭으로 생산하기도 하였고 앤디 워홀(Andy Warhol) 같은 유명 예술가와 디자이너들의 작품이 출시되기도 했다. 하지만 큐브릭의 최고 인기 시리즈는 스타워즈와 슈퍼 히어로 시리즈임에는 현재까지 변함이 없다.

기발한 아이디어의 큐브릭 마케팅은 자칫 지루해하기 쉬운 소비자의 수집 욕구를 끊임없이 자극한다. 같은 제품이라 할지라도 어떻게 꾸며 주는가에 따라 소비자의 구매력이 좌우되는 것이다. 큐브릭의 대중적 인기는 다른 장난감 회사들의 상품 개발에 영향을 주었다. 큐브릭과 유사한 미니 피규어들이 등장하였고 벌크 마케팅을 흉내 낸 액션 피규어 상품도 등장하였다. 하지만 큐브릭 마니아들의 충성도를 따라잡는 것은 어떤 제조사도 쉽지 않아 보인다. 더구나 큐브릭과 베어브릭이라는 더블 포스트의 힘은 다른 회사들의 도전을 쉽게 용납하지 않았다. 이를 과시라도 하듯 베어브릭과 큐브릭을 함께 구성한 제품들도 요즘 빈번히 출시되고 있다.

이제 큐브릭은 독보적인 장난감 장르가 되었다. 큐브릭의 성공에는 다양한 제품 창작의 시도와 독창적인 마케팅 등이 중요한 요인으로 작용했지만 무엇보다 '20세기 문화유산의 흔적'을 부인할 수 없다. 레고 사의 블록 장난감이나 영화사에 남는 흥행 영화들이 없었다면 큐브릭 장난감은 존재할 수 없었을 것이다. 메디콤 토이 사가 영화감독 스탠리 큐브릭의 이야기를 은근히 언급하는 것이나 1970년대 〈스타워즈〉 액션 피규어 제품을 모방하여 오마주 제품을 출시하는 것들은 영화와 액션 피규어 산업에 근간을 둔 큐브릭 장난감의 자기 고백이라 하겠다. 큐브릭은 빠른 세월의 흐름 속에서 20세기의 영화 콘텐츠들을 웃음 지으며 뒤돌아볼 수 있는 즐거움을 전하는 매개체다.

위부터 〈스머프〉, 〈몬스터주식회사〉, 〈백 투 더 퓨쳐〉 큐브릭.

베어브릭

　베어브릭은 본격적인 성인들의 장난감 수집을 목적으로 탄생한 장난감으로 볼 수 있다. 2001년 처음 등장한 베어브릭은 제품의 디자인에 민감한 젊은 세대를 타깃으로 일본 메디콤 토이 사에 의해 개발되었다. 귀여움의 정서를 기반으로 한 이 제품은 기존 장난감의 여러 모습을 연상시킨다. 테디베어의 포근한 이미지와 막대 사탕의 먹음직스런 알록달록한 색감, 레고 미니 피규어의 귀여운 형태가 그것. '베어브릭(Be@rbrick)'이란 이름이 '곰(bear)'과 '브릭(brick)'의 합성어로 이루어진 것처럼 이 장난감은 어린 시절의 감성을 자극한다.

　베어브릭의 기본 형태는 곰을 의인화한 것이다. 만화 속의 곰이 사람과 같이 직립보행을 하는 것처럼 반듯하게 서 있는 형태를 하고 있으며 기본형의 베어브릭 곰들은 눈, 코, 입이 없는 무표정한 얼굴을 하고 있다. 이 제품은 머리, 몸, 엉덩이, 팔, 다리, 손 등 9개의 파트로 나눠지며 베어브릭의 볼록 나온 배는 곰돌이 푸우가 연상되는 귀여운 모습이다. 이렇게 볼록 나온 배의 모양을 일명 '항아리 배(pot belly)'라고 하는데 이후 베어브릭만의 독특한 형태가 된다. 베어브릭의 색상은 원색이 대부분이지만 시리즈나 주제에 따라 부드러운 파스텔 톤과 형광색 등을 사용한다. 베어브릭 수집가들이 디자인을 중요시하는 개성 강한 현대인인 만큼 베어브릭의 디자인은 일반화된 획일성보다는 창조적인 다양성에 중점을 둔다.

아이언맨 베어브릭.

베어브릭은 항상 화려한 색상과 독특한 디자인의 제품들을 출시하고 있다.

베어브릭은 2001년 5월 21일 동경에서 열린 제12회 세계 캐릭터 전시회(World Character Convention)의 방문객들을 위한 무료 선물로 처음 등장한다. 사람들은 특이한 베어브릭의 디자인에 감탄했고 점차 베어브릭은 다양한 소재로 만들어졌다. 플라스틱, 합금, 나무와 펠트, 형광 물질 등 베어브릭은 여러 소재로 만들어졌다. 각각의 시리즈는 18개의 테마로 구성되며 진화는 지금도 계속되고 있다.

베어브릭은 블라인드 박스로 제작되어 소비자가 구매하기 전에는 내용물을 알 수 없다. 그중 시크릿 모델은 디자인에 대한 정보조차 알려지지 않은 비밀 마케팅을 활용하여 컬렉터들의 욕구를 자극한다. 베어브릭의 가격 중 가장 비싼 것은 이 시크릿 모델로 어렵게 구한 수집가들의 노력이 반영된다고 볼 수 있다. 정규 시리즈의 베어브릭은 제품에 '네임카드'가 포함되고 한 번 생산된 시리즈는 절대 재생산을 하지 않는다. 메디콤 토이 사의 이러한 마케팅은 수집 가치를 높이는 중요한 전략으로 평가된다.

왼쪽부터 〈스타워즈〉의 캐릭터 C3PO 베어브릭과 패키지, 에반게리온 베어브릭.

베어브릭은 태생부터 아이들의 장난감이 아닌 성인들의 수집 장난감으로 기획되었다. 아이들의 손을 거치지 않은 이 장난감은 성인들의 시각적 만족감을 채워 주어야만 했다. 고심 끝에 메디콤 토이 사는 베어브릭의 이름에 '@' 기호를 넣어 'Be@rbrick'이란 단어를 완성한다. 베어브릭의 @는 인터넷 시대의 성인들에게 어필할 수 있는 좋은 심벌이 되었다. 현재 @는 베어브릭을 연상시키는 베어브릭의 상징 로고다.

베어브릭의 기본 사이즈는 7cm이다. 이 사이즈를 100% 크기라고 부른다. 기본 사이즈를 기준으로 베어브릭의 비율별 사이즈는 다음과 같다. 50%-4cm, 70%-5cm, 100%-7cm, 200%-14cm, 400%-28cm, 1000%-70cm. 사이즈가 커질수록 가격도 비싸며 최근 들어 400%와 1000%의 베어브릭이 인기가 많다.

베어브릭은 디자인에 따라 10가지 이상으로 나뉜다. 첫 째로 기본(Basic)형은 모노톤의 베어브릭이다. 베어브릭의 기본이 되는 디자인으로 이목구비가 없는 단순한 디자인이다. 젤리빈(Jellybean)형도 기본형처럼 단색으로 구성되어 있으나 반투명(Translucent)의 플라스틱으로 제작하여 베어브릭 내부에 다양한 액세서리를 들여다 볼 수 있도록 제작하였다. 패턴(Pattern)형은 유명 디자이너들의 물방울무늬(Polka Dots)와 같은 다양한 모양을 패턴화하여 디자인한 제품이다. '임스 체어(Eames Chair)'로 유명한 찰스 임스(Charles Eames)의 디자인도 이 패턴형 제품들에서 볼 수 있다. 국기(Flag)형은 각 나라를 상징하는 국기를, 호러(Horror)형은 유명 공포 영화의 괴수와 살인마를, SF형은 공상과학 영화를 소재로 만들어졌다. 동물(Animal)형은 단색 컬러에 동물을 상징하는 무늬를 입힌 것이고 큐트(Cute)형은 단색 바탕에 귀여움을 상징하는 디자인으로 구성하였다. 아티스트(Artist)형은 유명 작가의 작업을 베어브릭에 옮긴 콜라보레이션의 형식으로 최근 마니아들이 가장 선호하는 수집 품목이다. 세계적인 스타 디자이너들의 협업 제품들은 베어브릭 마니아가 아닌 사람들에게도 소유하고 싶은 욕망을 자극하는 제품군이다. 마지막으로 히어로(Hero)형은 슈퍼맨, 배트맨 같은 유명 코믹북 히어로를 소재로 만들어진다. 이외에도 디즈니 캐릭터와 저패니메이션을 주제로 한 제품들도 간간히 만들어지고 있다.

위부터 안나수이 콜라보 베어브릭과 패키지, 폴프랭크 콜라보 베어블릭과 패키지.

앞에서 이야기한 것처럼 베어브릭은 블라인드 박스의 형태로 판매되어 언제나 구매자를 마음 졸이게 한다. 일부 판매자들은 이런 확률을 감안하여 오픈 박스로 내용물을 확인한 후 판매하기도 하지만 수많은 베어브릭 마니아들은 자신의 행운을 시험한다. 베어브릭의 제조사인 메디콤 토이 사에 따르면 각 베어브릭을 선택할 확률은 다음과 같다고 한다. 기본형은 14.58%, 젤리빈과 패턴형은 11.45%, 국기형과 호러형은 9.37%이다. SF형은 10.41%, 큐트형은 13.54%, 동물형은 8.33%이고 히어로형은 7.29%이다. 아티스트형은 노멀 버전이 4.16%, 시크릿 버전이 1.04%이다.

이런 베어브릭의 선 결정 생산 비율은 판매자와 구매자 간의 다양한 판매 형태를 만들며 베어브릭만의 독특함을 특징짓는다.

약간의 사행성(?)을 지닌 베어브릭 제품들은 패키지 디자인에 15세 이상의 수집품으로 명시되며 '장난감이 아니다(Not Toy)'라는 글귀도 표기되어 있다. 아이러니하게도 장난감이 아닌 장난감으로 불리우는 베어브릭이 높은 가격에 대한 비판을 피하기 위해 만든 궁여지책이 아닌가싶다.

리락쿠마 베어브릭.

버거킹의 심슨 시리즈.

패스트푸드 장난감

맥도날드(McDonald's), 버거킹(Burger King), 하디스(Hardee's) 등 패스트푸드 상점에서 판매하는 장난감이다. 엄밀히 말해 현재는 돈을 받고 장난감만을 판매하지는 않고 어린이 세트라는 이름으로 음식과 묶어서 판매되고 있다.

'키즈밀(Kids' Meal)' 혹은 '펀밀(Fun Meal)'이란 이름으로 시작된 이 장난감은 정식 명칭 '패스트푸드 장난감(Fast-food Promotional Toy)'에서 보듯 프로모션의 목적으로 탄생한 장난감이다. 맥도날드 사에서 1978년 '해피밀'이라는 이름으로 첫선을 보였고 그 뒤 다른 패스트푸드 제조사에서 이를 모방하게 된다. 초창기 이 사업의 주된 고객은 어린이였지만 1990년대 이후 패스트푸드 장난감 전문 수집가들이 늘어나면서 제조사도 다양한 버전의 장난감들을 기획한다. 디즈니와 손잡은 맥도날드 사의 장난감들과 버거킹 사의 심슨 시리즈는 큰 인기를 누렸고 특히 버거킹 사의 스타워즈 시리즈는 순식간에 미국 전역에서 품절이 되는 사태가 벌어진다. 최근 우리나라에서도 슈퍼마리오 맥도날드 해피밀 시리즈가 이슈가 되었다.

위 맥도날드 디즈니 패스트푸드 장난감.
아래 버거킹의 스타워즈 시리즈.

쉬라이히 스머프 미니 피규어.

쉬라이히 미니 피규어

　독일의 쉬라이히(Schleich) 사는 독일의 유명한 플라스틱 동물 인형 제조사다. 농장에서 볼 수 있는 양과 암소, 그리고 목장의 울타리도 미니어처로 재현한 쉬라이히 사의 동물 인형은 60년이 넘는 전통을 자랑한다. 북극곰과 말, 코끼리 등 다양한 동물 모형으로 유명하지만 전 세계인에게 어필하게 된 계기는 정작 스머프 미니 피규어를 통해서다. 1958년에 벨기에의 만화가, 피에르 큐리포르가 그린《스머프》는 쉬라이히에서 조그만 인형으로 만들어지고, 유럽 전역에서 어린이들의 인기상품이 된 후, 미국에 건너가 대히트를 친다. 동물농장(Farm Life)시리즈와 함께 스머프 시리즈는 30년 넘도록 사랑받는 베스트 아이템이다.

리틀 그린 아미 맨과 미니 디노 카운터스

　1970~1980년대 국내 아이들의 가지고 놀던 작은 프라모델 군인들의 원조 격인 장난감이다. 리틀 그린 아미 맨(Little Green Army Man)은 영화 〈토이 스토리〉에 등장한 작은 군인 인형들로 그들의 이름처럼 모두 초록색이다. 작은 장난감 군인은 이집트의 미이라 무덤과 17세기 유럽에서도 발견되었는데 오늘날까지 재료는 다양하게 변화했다. 이집트 시대의 진흙, 중세 시대의 나무, 18세기 납과 철로 만들어지던 것이 20세기에 들어 플라스틱으로 변화한 것이다. 리틀 그린 아미 맨 역시 플라스틱이다. 1950년대 처음 등장한 플라스틱 군인 인형들은 다양한 제조사를 거치며 지금도 살아남아 싸구려 장난감의 위대함을 전파한다.

　리틀 그린 아미 맨이 초록색 군단이라면 미니 디노 카운터스(Mini Dino Counters)는 형형색색의 공룡들이다. 러닝리소스(Learning Resources) 사의 제품으로 아이들이 좋아하는 공룡 장난감 중 하나다. 러닝리소스 사는 미국의 유명한 교구회사다. 지구본, 학습용 시계, 어린이 실험 도구 등 1984년에 미국 시카고에서 설립되어 미국 초등학교와 유치원에서 사용하는 교구 대부분을 제조하고 있다. 색상별로 다양한 미니 공룡을 가지고 놀며 색깔 놀이와 숫자놀이를 할 수 있다.

〈토이 스토리〉에 등장해서 다시금 주목받은 리틀 그린 아미맨.

미니카

사실 미니카(Mini Car)는 '장난감 자동차'나 '다이캐스팅 자동차'에 어울릴 수도 있다. 하지만 엄청난 꼬마 마니아를 가진 이 장난감은 독자적인 장난감 영역으로 봐도 무리가 없다. 꼬마들이 주머니에 넣고 다니며 가지고 놀던 미니카. 어딜 가든 함께 하는 미니카는 모든 곳이 질주의 영역이 된다. 목욕탕에서도 할머니 댁 앞마당에서도 감기에 걸려 찾은 병원에서도 아이들은 미니카의 질주를 멈추지 않았다. 성냥갑을 닮았다고 하여 지어진 이름인 매치박스 사의 미니카와 다양한 레이싱카와 점프 액세서리를 선보이는 핫 휠 사, 영국을 대표하는 미니카 제조사인 옥스퍼드 사 등 미니카 제조사들은 반백 년 넘는 오랜 역사를 자랑한다. 특히 일본의 토미카는 본격적으로 성인 미니카 수집 시장을 공략하여 다양한 리미티드 에디션 시리즈를 제작하고 있다.

전 세계의 경찰 미니카.

A L L O Y
T O Y

PART 05

초합금 장난감

전쟁이 탄생시킨 장난감

우리나라에도 많은 애호가들을 보유한 초합금 로봇 장난감들은 대부분 일본의 반다이 사와 자회사인 '포피(Popy)' 사가 만들었던 장난감들이다. 금속 재질의 이 장난감은 비교적 저렴한 금속인 납과 아연을 소재로 만들어진 제품이다. 주로 다이캐스팅 주조 방식으로 만든다. '초합금'이란 말은 앞서 언급한 두 회사가 만든 단어로, '롱코트'하면 '버버리'란 브랜드가 고유명사로 불리우듯이 모든 합금 장난감은 '초합금'으로 불린다.

1970년대 시작된 일본 거대 로봇 만화들은 우리나라와 미국, 특히 유럽에서 선풍적인 인기를 누렸다. 이후 일본의 로봇 만화들을 소재로 만든 초합금 장난감들은 전 세계로 팔려나갔고 1980년대 초반까지 초합금 장난감의 인기는 계속되었다. 이 시기의 정황을 근거로 일본 로봇 만화의 추억을 전 세계 7080세대가 향유한다고 볼 수 있다. 로봇 만화와 초합금 로봇 장난감의 콘텐츠들은 2000년대 이후 다시금 초합금 로봇의 붐을 형성하는 밑바탕이 됐고 그 인기는 현재까지 계속되고 있다.

2001년 반다이 사에서 만든 마징가Z 초합금 장난감.

로봇 애니메이션

초합금 로봇 장난감을 설명하기에 앞서 일본 만화에 대해 간단히 짚고 넘어갈 필요가 있다. 1940~1950년대 디즈니로 대표되는 미국 TV 만화 영화의 소녀적 감성과 차별되는 일본의 '소년 취향'의 TV 만화 영화들은 1960년대를 기점으로 일본을 넘어 지구촌 곳곳에 알려진다. 어린 아이들을 어른처럼 묘사하는 일본 만화의 보편화된 정서는 어린이들의 전유물로 인식되던 만화 영화 시장에 지각 변동을 가져온다. 그중 거대 로봇의 신화라고 말할 수 있는 《마징가Z》의 등장은 일본 만화가 《아톰》 이후 오늘날 '저패니메이션'이라고 불리기까지의 교두보가 된 작품이라 볼 수 있다. 로봇과 인간의 관계를 새로운 시각에서 조명한 《마징가Z》는 주인공 소년의 성장 스토리로 보아도 무방하다. 로봇을 조종하며 악과 싸우는 주인공 소년의 성장 과정을 통해 남자아이들은 만화 속 주인공과 자신들을 동일시하고 만화를 보며 함께 기뻐하고 슬퍼하는 상생의 카타르시스를 느끼게 된다. 1972년부터 2년 넘게 일본에서 방영된 TV판 '마징가Z'는 엄청난 시청률을 기록했고 계속된 후속 시리즈와 다른 로봇 만화의 등장으로 거대 로봇 만화는 전성기를 연다. 이런 로봇 만화의 인기 속에서 많은 플라스틱 장난감들이 판매되었고 장난감 제조사들은 아이들에게 좀 더 강하게 어필할 수 있는 제품을 연구하기 시작했다. 결국 제조사들은 강한 로봇의 이미지와 때론 처절하기까지 한 로봇 만화의 전투 장면을 고스란히 장난감에 담을 수 있는 묘책으로 '소재'를 택한다.

위부터 마징가Z 헤드 모형과 초합금 호버파일더. 비행선 호버파일더는 《마징가Z》의 주인공 가부토코지의 분신과 같은 것으로 마징가Z의 몸체와 결합하는 매개체가 된다.

위부터 마징가Z와 그레이트 마징가, 그랜다이저 3총사. 1970년대 초합금 로봇.

반다이의 합금 장난감은 1973년 일본의 포피 사에서 첫 발매되었다. 포피 사는 반다이 사가 1971년에 TV와 영화의 만화 캐릭터를 장난감으로 생산하기 위해 만든 자회사이다. 포피 사에서 만든 장난감들은 원래 사탕과 과자 전문 판매점과 특설 매장용이었다. 포피 사의 첫 히트 상품은 1972년에 나온 '가면 라이더 변신벨트(Kamen Rider Henshin Belt)'였다. 플라스틱으로 만든 이 장난감은 가면 라이더가 사용한 변신벨트 장난감으로 아이들이 직접 착용하고 노는 장난감이었다. 가면 라이더 변신벨트의 성공을 계기로 포피 사는 새로운 상품 제작을 모색한다. 그리고 1973년, 포피 사는 일본에서 최초로 아연 합금을 이용한 장난감을 만든다. 당시 전 세계에서 판매되던 아연합금 소재의 장난감들은 대부분 자동차 장난감이었다. 영국의 대표적 장난감회사인 '딩키(Dinky)'사와 '매치박스', 미국의 마텔 사 등은 이처럼 합금으로 만든 자동차 장난감을 제작, 판매하였다. 하지만 일본 포피 사의 합금 장난감은 특이하게 로봇을 주제로 만들어졌다. 로봇 시리즈 만화 영화의 강국으로 도약하는 자국의 콘텐츠 시장을 바탕으로 포피 사는 다양한 로봇 장난감을 출시한다. 포피 사의 첫 합금 제품은 '미니 싸이크론'이란 제품으로 가면 라이더의 오토바이를 재현한 제품이었다. 하지만 이것은 이후 출시될 수많은 초합금 장난감의 예고편에 불과했다.

포피 사는 1974년 초합금의 마징가Z 장난감을 출시한다. 당시 일본뿐 아니라 전 세계를 강타한 만화 영화 '마징가Z'의 인기는 실로 대단했다. 마징가Z 장난감은 합금 장난감이 나오기 이전부터 다양한 플라스틱 장난감들이 나와 아이들의 큰 사랑을 받고 있었다. 하지만 마징가Z의 기존 장난감들은 이후 합금 장난감의 출시 이후 인기를 감히 견줄 수 없게 된다. 그것은 아마도 합금이라는 재료가 거대 로봇의 이미지를 더욱 상승시킨 것으로 풀이된다. "무쇠 팔, 무쇠 다리"라는 '마징가Z'의 노랫말처럼 합금 장난감은 아이들에게 장난감의 시각적 만족감뿐만 아니라 차가운 금속의 재질감도 느끼게 해주었다. 또한 이전에 출시된 플라스틱 장난감들이 크기가 큰 것에 비해 어른 손바닥 사이즈의 합금 장난감은 아이들이 가지고 놀기에도 여러모로 적합했다.

마케팅 측면에서도 포피 사가 장난감의 패키지 디자인부터 '초합금(Chougokin, 일본식으로 부르는 발음. 미국에서는 초합금을 'Super Alloy'라고도 부른다)'이라는 이름을 붙여 홍보한 것이 뛰어난 판매 전략이었다. '초합금'이란 문구는 아이들에게 유행처럼 번지기 시작했고 이후 반다이와 포피 사의 독점 고유명사가 된다. 우리나라에서도 문방구와 완구점에서 수입 판매된 초합금 마징가Z 장난감은 출시 당시로선 어마어마한 가격임에도 불구하고 아이들의 큰 사랑을 받았다.

왼쪽부터 손오공, 사오정, 저팔계, 1970년대 인기 만화 영화 '오로라 공주와 손오공(스타징거)'의 초합금 로봇.

초합금 장난감의 첫 번째 전성기

　포피 사는 마징가Z 초합금에 이어 '그레이트 마징가', '그랜다이져', '게타 로봇', '콤바트라V' 등 인기 있는 슈퍼 로봇 제품들을 연이어 출시한다. 이 제품들은 마치 포피 사의 상징처럼 허리 부분에 제품의 이름이 스티커로 붙여져 출시가 되었다. 포피 사의 초합금 로봇들은 크기가 10~15cm 정도였고 DX 버전인 경우 20~25cm 정도의 크기로 제작되었다. 그리고 모든 초합금 로봇들은 스프링 장치로 가동되는 무기 발사 장치가 포함되어 있었다. 완성도는 조금 떨어지지만 남자아이들에게는 다이내믹한 장난감으로 매력이 충만했다. 이후 포피 사는 수많은 초합금 장난감들을 만들어내면서 1970년대 일본 장난감 회사의 상징이 되었다.

　크로바 사와 나카지마 사 등 경쟁 제조사들은 초합금이란 이름에 대항할 장난감들을 제작한다. 특히 나카지마사는 '울트라 합금'이라는 명칭을 만들어 '테카맨'이란 장난감 시리즈를 출시한다. 그 외에도 울트라 합금 시리즈의 '그로이져 로보' 등의 제품을 생산하여 포피 사와 거의 대등한 품질의 합금 장난감들을 출시한다. 반면 포피 사는 초합금 슈퍼 로봇 이외에도 미니카 스타일의 다이캐스트 장난감 '포피니카(포피+미니카 합성어)' 시리즈 등 여러 가지 제품들을 출시며 합금 장난감 시장 제일의 명성을 이어간다.

　하지만 1970년대를 지나 1980년대를 맞이할 무렵 아이들의 취향은 서서히 변화하게 된다. 아이러니하게도 포피 사의 초합금 장난감들은 모회사인 반다이 사가 만들어낸 프라모델 장난감에 밀리게 된다. 지금까지도 엄청난 숫자의 마니아를 보유하고 있는 〈기동전사 건담〉이란 만화 영화가 등장하면서 값도 저렴하고 정밀한 조립 플라스틱 장난감(일명 프라모델)들이 아이들의 마음을 사로잡는다. 자연스레 포피 사의 초합금 장난감의 판매는 줄어들었고 포피 사는 결국 1983년 문을 닫고 모회사인 반다이에 흡수된다. 이로써 10년간의 초합금 장난감의 1차 전성기는 막을 내리지만 로봇 장난감 프라모델의 인기는 1990년대까지 계속되며 초합금 로봇의 부활의 여지를 남긴다.

위, 왼쪽부터 2000년대 출시된 초합금 로봇 시리즈.
마징가Z, 그레이트 마징가, 그랜다이져, 게타로봇.

초합금 로봇 장난감의 부활

　일본의 반다이 사가 건담 프라모델 시리즈로 승승장구 하던 1990년대 중반 세계 장난감 시장의 추이는 중대한 변화를 맞이한다. 이 시기 미국에서 시작된 높은 퀄러티의 액션 피규어 제품의 등장은 어른들을 장난감 시장으로 끌어들였고 순식간에 많은 수의 장난감 수집가를 양산한다. 20대에서 40대까지의 성인세대가 좋아하는 만화와 영화를 소재로 만든 액션 피규어를 앞세운 장난감 제품들은 2000년대 들어 그 종수가 기하급수적으로 늘어난다. 〈스타워즈〉, 〈배트맨〉, 〈에일리언〉 등 추억의 영화들이 눈앞에 장난감으로 펼쳐지며 어른들을 유혹하고 아이들이 부모 세대의 장난감에 덩달아 열광하게 되는 기현상을 맞이한다. 이런 장난감 시장의 변화 속에서 반다이 사는 '초합금혼'이란 이름으로 다시 한 번 초합금 장난감의 재탄생을 선언한다. 2000년, 'GX-01 마징가Z'를 시작으로 과거 포피 사의 그것과는 다른 진일보한 초합금 로봇 시리즈를 내놓는다. 어린 시절 초합금 장난감의 추억을 가진 세대를 주 타깃으로 발매된 이들 초합금혼 장난감은 여러 가지 면에서 발전된 모습을 보여주었다.

　아연합금에만 의존했던 1970년대 제품들과 달리 2000년대의 초합금 제품들은 PVC와 ABS, 정밀한 스틸 재료를 사용하여 관절의 움직임이 매우 자유로우며 유동성이 좋은 제품으로 탈바꿈한다. 거기에 발전된 다이캐스팅과 도장 기술을 바탕으로 디자인과 모양이 세련된 장난감으로 출시되었다. 수집과 놀잇감, 두 가지의 목적에 모두 부응하는 이 제품들은 어른들과 아이 모두에게 사랑받는 시리즈로 성장한다.

현재까지 반다이 사는 마징가Z 계열의 슈퍼 로봇들과 〈건담〉, 〈에반게리온〉 등 일본 만화의 로봇은 물론이고 저패니메이션의 걸작 〈아키라〉에 등장하는 '아키라 바이크'와 같은 비교적 소수 마니아 타깃의 제품들도 출시하고 있다.

위 〈독수리 5형제〉와 〈이겨라 승리호〉의 초합금 장난감.
아래 일본 애니메이션 〈아키라〉의 주인공과 초합금바이크.

DOLL

PART 06

인형

 DOLL

잠자리를 안전하게 지켜주는 어린이들의 친구

인형은 장난감이지만 일반적인 장난감과는 다른 의미를 지닌다. 장난감이 가지고 노는다는 것에 의미를 두는 반면 인형은 친구, 여성스러움, 포근함을 연상시킨다. 인형이 가진 친구라는 의미가 때론 공포영화에서 어둡게 묘사되곤 하지만 오랜 역사의 인형의 존재는 20세기 이후 끝없이 생겨나는 남자 아이들의 놀잇감들 사이에서 여자 아이들의 독자적인 놀이 영역을 지키는 의미를 갖는다. 털로 만든 봉제 인형부터 마론 인형까지 인형의 종류는 매우 다양하며, 인형을 만들어낸 사람과 제조사의 고집스러움과 전통을 지키려는 노력도 눈여겨볼 만하다.

섬유와 종이로 만든 러시아 전통 인형.

19세기 유럽에서 유행했던 비스크(Bisque) 인형. 포세린 인형이라고도 한다. 흙으로 만든 인형의 몸체와 얼굴을 도자기 굽는 가마에 구워 만든 것이다.

리얼 베이비 돌

　정말 갓난아기와 같은 형상과 크기의 인형이다. 눕히면 눈을 감고 입에는 진짜처럼 생긴 젖병을 물릴 수 있다. 기저귀도 채워줄 수 있고 목욕도 시킬 수 있는 사람 같은 인형. 동생이 갖고 싶은 5세에서 10세 미만의 여자 아이들을 타깃으로 한 '리얼 베이비 돌(Real Baby Doll)'은 유럽에서 먼저 탄생하였다. 이 인형은 독일의 자프 크리에이션(Zapf Creation) 사와 괴츠(Goetz) 사가 유명하다. 자프 크리에이션 사는 1930년대부터 인형을 생산하기 시작하였으며 사운드가 내장되어 울거나 웃기도 하고 흔들어 잠을 재울 수도 있는 인형을 생산한다. 괴츠 사는 성능보다는 외관에 치중한 인형을 만들었는데 그 퀄리티가 놀라울 정도였다. 진짜 아기처럼 반응하는 인형은 미국의 베렝구어(berenguer) 사가 뛰어난데 아기의 표정 묘사나 의상의 디테일은 이 회사의 트레이드 마크로 창업자 살바로드 베렝구어(Salvador Berenguer)가 디자인에 심혈을 기울인 결과였다. 2014년 현재 리얼 베이비 돌은 전 세계 여자 아이들의 '동생 인형'으로 사랑받고 있다.

왼쪽부터 괴츠 인형, 스페인 출신의 디자이너 살바도르 베렝구어가 디자인한 베렝구어 인형.

부드러운 피마코튼으로 만들어진 블라블라 인형.
그중에서 가장 인기가 많은 캐릭터 샌드위치.

 D O L L

블라블라 인형

　블라블라(Blabla) 인형은 페루에 전통을 둔 인형 브랜드다. 프랑스 디자이너 플로렌스(Florence)가 페루의 인형 전통 마을을 발견하고 자신의 노하우를 접목시켜 인형 생산을 기획하였다. 자연주의, 일상의 디자인에서 착안한 그녀의 노력으로 블라블라 인형은 어린 아이들의 잠자리 친구로 사랑받을 수 있었다. 아이들이 좋아하는 디자인을 바탕으로 페루의 피마 코튼(Pima Cotton)을 사용해 만든 블라블라 인형은 아기 전문 인형으로 자리잡았다.

 D O L L

마담 알렉산더 인형

1930년대 미키 마우스만큼 유명한 아역배우가 있었다. '셜리 템플(Shirley Temple)'이란 귀여운 꼬마 숙녀인데, 귀여운 외모와 뛰어난 연기력으로 대중의 사랑을 독차지했다. 아마 미국인들은 이 소녀의 모습을 인형에 오버랩 시키지 않았을까 싶다. 바로 '마담 알렉산더(Madame Alexander)' 인형이다. 눕히면 눈을 감았다 뜨는 여자 아이들의 놀이 인형 마담 알렉산더는 1923년 미국 베아트리체 알렉산더(Beatrice Alexander)가 첫 선을 보인 후 많은 대중들의 사랑을 받는다. 초창기 미국 상류층에서 알려지기 시작한 이 인형은 역사상 최초로 팬클럽이 만들어졌으며 최초의 패션 인형으로 기록된다. 엄밀히 말하면 바비 인형의 선조인 셈이다.

145

마담 알렉산더 인형과 한정판 인증서.

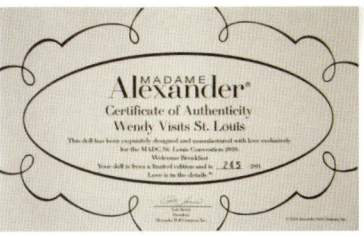

 DOLL

일반 인형

동물을 박제하는 것에서 출발한 인형은 직물 원단을 비롯한 다양한 소재로 만들어진 수많은 인형(Stuffed Toy)들을 통칭한다. 주로 영어권 국가에서 인형의 큰 부류를 이렇게 부르며 하위 개념으로 봉제 인형, 플러시(Plush) 인형 등이 있다. 무엇으로 불리든 사랑스럽고 안아주고 싶은 인형의 본질은 똑같지 않을까. 인형 장난감은 주로 동물, 또는 전래 동화의 등장인물들을 주제로 제작된다. 인형의 내부에는 솜이나 면 섬유를 채워넣는다.

다양한 크기의 핑크팬더 봉제 인형.

 DOLL

바비 인형

바비 인형(Barbie doll)은 1950년대 루스 핸들러(Ruth Handler)와 앳리엇 핸들러(Elliot Handler) 부부가 창업한 마텔 사에서 만든 인형이다. 그리고 '바비'라는 인형의 이름은 부부의 딸의 이름을 딴 것이다. 바비 인형의 아이디어는 어느 날 루스 핸들러가 딸 바바라(Barbara)가 종이 인형(Paper Doll)을 가지고 노는 것을 유심히 관찰한 데서 시작된다. 바바라는 어린 아이였지만 그녀가 하는 놀이 안에서의 규칙은 어른들이 행동하는 양식을 빠짐없이 모방하는 것이었다. 그녀는 아이들이 장난감을 통해 사회성을 배운다는 사실에 주목했다. 하지만 1950년대 당시 장난감에 관한 사회적 인식은 영유아들이 가지고 노는 놀잇감이라는 인식이 강했다. 이에 루스 핸들러는 장난감 시장의 인식을 변화시킬 차별화된 제품이 있어야 한다고 주장했다.

1956년 루스 핸들러와 그의 가족은 유럽 여행 중 성인용 피규어 인형 상품인 빌드 릴리(Bild Lilli)와 운명적인 조우를 한다. 빌드 릴리는 유명 신문 만화의 주인공으로 화려한 금발의 직장 여성이며 남자들에게 기죽지 않는 적극적인 여성 캐릭터였다(1955년 당시 독일에서는 빌드 릴리 인형을 아이들이 아닌 성인들에게만 판매함에도 불구하고 매번 품절되는 인기 인형이었다). 이 인형에 영감을 받은 그녀는 귀국 후 빌드 릴리 인형을 개조하여 자신만의 성인 인형을 만든다. 그리고 이 인형을 1959년 3월 뉴욕에서 열린 국제 토이 페어에 '바비'란 이름으로 출시한다. 금발과 흑갈색 머리의 이 인형은 얼룩말 무늬의 수영복을 입고 수줍은 표정으로 아래쪽을 힐끔 쳐다보는 표정을 하고 있었다(1970년대 이후 바비 인형의 표정은 더 밝아지고 시선은 정면을 보는 것으로 변화된다). 이런 바비 인형을 보고 사람들은 큰 충격을 받았다고 한다. 이전에는 볼 수 없었던 여성의 신체 묘사와 화려한 의상, 현대적인 머리 스타일 등이 그 당시로서는 너무나 과감했던 것이다. 뉴욕의 언론이 '장난감 세계의 실수'라고까지 말하며 반감을 보였을 만큼 그 당시로는 획기적인 인형이었다. 그러나 바비 인형은 발매 첫 해 약 35만 개를 판매하며 성공적인 데뷔를 한다.

컬렉션용 바비 인형. 1950~1960년대 바비 인형을 최근 세련되게 다시 제작한 것으로 '리프로 시리즈'라고 한다.

바비 세계 민속 인형 시리즈.
스페인과 인디언 바비 인형.

    1960년대 초반 바비 인형은 상품 출시와 함께 소설도 출간된다. 바바라 밀리센트 로버츠 (Barbara Millicent Roberts)란 이름으로 가상의 마을 윌로우 (Willows)에 사는 것으로 설정된 그녀는 윌로우 고등학교에 다니는 소녀다. 그녀의 주변엔 아빠와 엄마, 그리고 남자친구인 캔(Ken)이 있다. 특히 캔과는 로맨스를 이루며 만남과 헤어짐을 반복한다. 그녀는 원하는 모든 것을 가질 수 있었다. 개와 고양이, 말, 새끼 사자 등 40종 이상의 동물을 키우기도 하고 핑크색의 코르벳 자동차와 트레일러, 지프도 가졌다. 남자 친구 캔과 함께 요리도 하며 소파에 앉아 TV도 보는 핑크색 집도 생긴다. 이런 소설의 네러티브에 걸맞게 마텔 사는 1960~1970년에 걸쳐 다양한 돌하우스와 침대, 가구 세트들을 출시하였고 이 소품들의 매출은 인형 판매액을 뛰어넘게 된다. 그리고 1961년 처음 등장한 바비의 남자 친구 캔 인형도 점차 인기를 구가하게 되고 다양한 캐릭터의 캔 인형과 그만의 소품, 아이템들도 늘어난다.

    1980년대엔 소녀 문화(Real Girl Life)가 대세로 떠오른다. 'MTV'의 출범을 시작으로 뮤직 비디오와 워크맨 등의 소비 문화와 나이키, 리복 등의 제조사에서 틴에이지 타깃 마케팅이 시작된 시기다. 마텔 사는 당시 10대 소녀들의 라이프 스타일을 분석하여 그들의 생활을 축소하는 데 중점을 둔다. 롤러스케이트를 타는 바비, 테니스 선수 바비, 에어로빅 바비 등 적극적이고 활동적인 소녀들의 시대상을 반영한 제품이 출시된다. 미국 보수성향의 신문들은 바비 인형이 소녀들의 과소비를 조장하며 가정의 규율을 흔든다는 등의 부정적인 보도도 하였지만 여자아이들의 마음을 사로잡는 바비 인형의 인기를 막을 수는 없었다. 고등학교를 졸업한 성인 바비는 다양한 직업도 갖게 된다. 대표적으로 1960년대 인기 직업이었던 항공기 승무원을 시작으로 우주비행사 바비(1965), 닥터 바비(1988), 카레이서 바비(1998) 등이 있다. 화려한 드레스를 입은 공주나 백작부인 같은 바비 인형도 있었지만 의사, 간호사, 치어리더, 학교 선생님 등 다양한 여성 직업군을 묘사하는 커리어우먼 바비 인형들이 등장하여 현대 신여성을 표현하였다. 이는 바비 인형이 20세기 변화된 여성상을 보여주는 아이템이었다는 증거다.

1958년 탄생부터 항상 바비 인형은 수많은 논쟁거리를 불러 일으켰다. 언제나 이슈는 바비 인형의 지극히 여성적인 외모였다. 바비 인형은 인체를 축소한 1/6 스케일에 11.5인치인데 이를 근거로 추산해보면 성인 175cm키에 110파운드의 몸무게와 '36-18-33(가슴둘레-허리-엉덩이)'에 해당한다. 이것이 문제되는 이유는 아이들이 바비 인형을 외모의 롤 모델로 삼고 모방하려 한다는 연구 때문이었다. 아이들이 비현실적인 여성의 외모를 추구하게 되면서 훗날 거식증 환자와 같은 사회적 문제를 야기한다는 주장이었다. 하지만 이런 우려에도 불구하고 마텔 사는 여성들의 다이어트를 권장하는 책과 함께 바비 인형을 판매하여 소비자들과 학계에 큰 원성을 샀다.

1992년 7월 출시된 말하는 바비 인형은 몇 개의 인형의 대사가 미 대학 여

왼쪽부터 바비의 남자 친구 인형 켄, 바비 인형의 말 피규어, 바비 인형의 소품 컴퓨터와 카세트 라디오, 바비의 친구 트레이시 인형

성 협의회에 의해 제재 조치가 된 사건이 있었다. 그것은 바비 인형의 사운드 문구 중에 "우리 옷은 정말 넘쳐나니?", "난 쇼핑을 사랑해", "수학 수업은 어려워" 등이었다. 마텔 사는 곧 이 문구가 들어간 인형을 판매 중지하고 기존에 판매된 인형은 교환해 주었다. 이는 장난감 회사에게 사회적 책임을 묻는 일화로 기록된다.

바비 인형은 인종차별문제로 종종 도마 위에 올랐다. 대부분 흑인 비하의 문제였다. 흑인 바비 인형은 1967년 처음 생산됐는데 흑인 고유의 특성이 배제된 것이 논란이 되었다. 이는 기존 백인 바비 인형의 금형에 얼굴을 만들어 검은 피부색만 입힌 것으로 1980년대까지 계속되었다. 백인 우월 주의라는 비판 속에서도 2009년 9월이 되서야 사실적으로 묘사된 흑인 바비 인형이 출시된다. 문화적 차이에서 비롯된 문제도 등장했다. 서구의 백인 여성을 기준으로 한 바비 인형은 중동지역에서는 아직도 정식 수입허가가 안되고 있다. 그들은 바비 인형의 선정적인 포즈와 노출이 심한 의상, 화려한 액세서리 등을 서구사회 타락의 상징으로 여겼다. 그래서 중동의 여러 국가들은 바비 인형의 대안으로 '풀라(Fulla)'라는 이름의 이슬람판 바비 인형을 판매한다고 한다.

최근 마텔 사가 가장 중요하게 생각하는 요소는 환타지와 문화의 다양성이다. 소녀들에게 '동화 속 공주'와 '백마 탄 왕자'는 영원한 로망이기 때문이다. 마텔 사는 환상과 현실을 넘나드는 세계 공주 인형 시리즈와 대륙과 나라를 대표하는 세계 민속 인형 시리즈 생산에 집중했다. 또한 디즈니사와 제휴하여 〈인어공주〉나 〈백설공주〉, 〈잠자는 숲속의 미녀〉 등 디즈니사의 고전들을 바비 인형으로 제작하였다.

또 기나긴 바비 인형의 역사 속에 소녀였던 소비자들이 구매력이 있는 성인으로 성장한 것을 마텔 사는 놓치지 않았다. 컬렉터 바비 시리즈의 출시는 1990년대부터 지금까지 많은 컬렉터들을 양산했고 이것은 마텔 사의 성공적 전략이었다. 현재 적극적인 바비 인형 컬렉터는 10만 명이 넘는 것으로 추정하고 있다. 그중 90%는 40대가 넘은 여성으로 매년 20개 이상의 바비 인형을 수집하며 이들 중 45%는 매년 1,000달러 이상을 지출한다.

1959년 오리지널 박스 바비 인형(Mint Box Barbie)의 경우 당시 판매가는 3달러에 지나지 않았으나 2004년 이베이에서 무려 3,552.50달러에 판매되었다.

바비 인형 경매가 최고액은 2006년 런던 크리스티 경매에서 낙찰된 9,000파운드(17,000달러)다. 고가의 빈티지 바비 인형이 아니더라도 오늘날 바비 인형은 다양한 컬렉션들이 있다. 빈티지 리프로덕션(Vintage Reproductions), 도자기 시리즈(Porcelain), 핑크박스와 구별되는 컬렉터 레벨인 실버, 골드, 플래티넘 시리즈 등을 출시하고 있다.

뿐만 아니라 루이비통, 샤넬 등 패션 디자이너 브랜드와 콜라보레이션 한 바비 인형, 영화와 TV 시리즈 배우들을 주인공으로 내세운 다양한 컬렉션 바비들은 수집가들의 다양한 욕망을 끊임없이 채워주고 있다. 이제 더 이상 바비 인형은 단순한 놀잇감이 아니다. 바비 인형은 대중문화의 중심에서, 모든 문화현상을 수렴하여 재생산해내는 놀라운 포식자로 성장하고 있다.

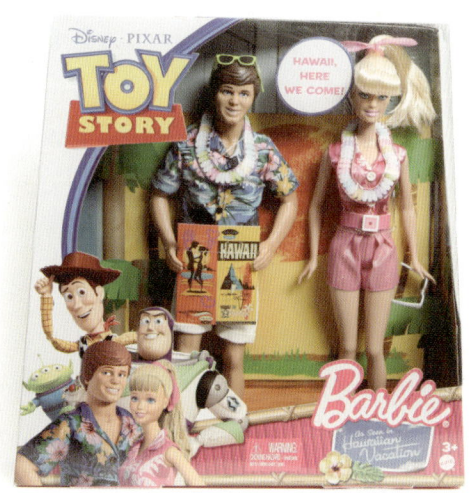

위, 왼쪽부터 슈퍼걸 바비 인형, 007 제임스 본드와 본드걸 바비 인형.
아래, 왼쪽부터 디즈니 프린세스 바비 인형. 〈토이 스토리〉에 등장하는 바비와 켄 인형. 2000년대 들어와 마텔 사는 영화와 애니메이션 캐릭터와 결합한 시리즈를 줄곧 생산해내고 있다.

 DOLL

테디베어

테디베어(Teddy Bear)는 말 그대로 테디(Teddy)라는 이름의 곰 인형이다. 사실 테디베어를 특정한 곰 인형 브랜드로 알고 있는 사람들도 많다. 더러는 어떤 모습의 곰 인형인지 구분할 수 있다고 확신하는 사람들도 있다. 하지만 테디베어는 특정한 디자인을 지칭하는 말도, 이름에 대한 상표권도 아닌 보통 명사다.

테디베어의 역사는 20세기 초반으로 거슬러 올라간다. 1902년 시어도어 루즈벨트(Theodore Roosevelt) 대통령이 미시시피에서 사냥을 하던 중 새끼 곰을 살려줬다고 한다. 이러한 살생유택의 미담은, 유명한 신문 만화가 클리포드 K. 베리먼(Clifford K. Berryman)이 이것을 소재로 한 만화를 발표할 정도로 미국 내에서 이슈가 되었다. 당시 뉴욕에서 상점을 운영하고 있던 모리스 미첨(Morris Michtom)은 이 사건에서 모티브를 얻어 직접 곰 인형을 만들어 자신의 상점에 전시한다. 그는 곰 인형에 시어도어 루즈벨트의 애칭을 붙여 '테디의 곰(Teddy's Bear)'으로 이름 짓는다. 바로 이때부터 '테디스베어', 즉 '테디베어'는 곰 인형을 대신하는 이름으로 널리 사용되기 시작한다(그는 직접 시어도어 루즈벨트 대통령에게 서신을 보내 이름 사용 허락을 받았다고 전해진다). '테디의 곰'이 인기를 얻자, 그는 이후 영국인 버틀러 형제(Butler Brothers)와 함께 '아이디얼 노벨티 앤 토이(Ideal Novelty & Toy)'라는 이름의 회사를 만들고 본격적인 테디베어 생산에 들어갔다.

같은 시기에 독일의 슈타이프(Steiff) 사는 인형 속에 내용물을 채워 넣고 몸체와 손과 발을 실로 연결한 '조인트 베어(jointed bear)'를 만들기 시작했

슈타이프 사의 로고와 1920년대 테디베어.

슈타이프 사의 1912년 디자인의 복원판 테디베어.
작은 사진 1912년판 테디베어의 인증서.

다. 설립자 마가레트 슈타이프(Margarete Steiff)가 제작한 이 곰인형은 1903년 라이프찌히에서 열린 장난감 박람회장에서 'Bar PB 55'라는 이름으로 선보이게 되었다. 독일에서 별다른 반응이 없던 이 인형은 루즈벨트 대통령에게 선물로 전해지며 미국에서 점차 유명해진다. 이후 조지 보그펠트(George Borgfeldt)라는 바이어를 통해 3,000개가 넘는 인형이 판매되면서 큰 성공을 거둔다. 이처럼 '테디베어'라는 명칭의 유래는 미국에서 시작되었지만, 아직도 누가 봉제 곰 인형을 처음 생산했는지에 대해서는 의견이 분분하다. 하지만 최초의 근대적 곰 인형이 비슷한 시기에 유럽과 미국에서 만들어진 것은 확실하다.

그렇다면, 모리스 미첨과 리하르트 슈타이프의 테디베어가 나오기 전에는 곰 인형이 없었던 것인지 궁금해진다. 사실, 그 전에도 곰 인형이 있었던 것으로 알려져 있는데, 테디베어가 큰 주목을 받게 된 이유는 테디베어와 기존 곰 인형의 차이점에서 찾을 수 있을 것 같다. 모리스 미첨과 리하르트 슈타이프의 곰은 봉제로 만들어진 관절이 움직이는 곰 인형이었다. 하지만 기존의 곰 인형은 실제 곰의 모습을 그대로 복원한 형태였다고 전해지는데, 두 발이 아닌 네 발로 서고, 팔 다리가 움직이지 않으며, 심지어 실제 곰의 털로 만들어진 인형도 있었다고 하니, 테디베어의 귀여운 모습과는 사뭇 다른 느낌이었던 것 같다. 여하튼, 모리스 미첨과 리하르트 슈타이프를 통해 테디베어가 알려진 후, 여기에 다른 제조업체들이 하나 둘 테디베어 만들기에 가세하기 시작했고, 1906년 〈놀것(Playthings)〉이란 장난감 잡지에 소개되면서 테디베어는 미국과 유럽에서 폭발적인 인기를 누리게 된다.

빅토리아(Viktoria, 독일어로 '승리의 여신') 테디베어.
작은 사진 '버튼 온 이어'라는 방식의 슈타이프 사 로고. 세계 여기저기에서 만들어지는 테디베어와 자사의 제품들을 구분 짓기 위해 곰인형의 귀에 로고를 박는 형식으로 제작하고 있다.

독일과 미국 여러 곳에 테디베어 전문 제작 회사가 설립되면서, 1910년대부터는 테디베어의 디자인도 다양해진다. 목각으로 만들어진 곰, 턱시도를 입은 곰, 항해사 곰, 병정 곰, 오르골과 결합된 곰 등 새로운 형태의 테디베어가 제작, 수출된다. 또한, 테디베어 장난감 산업은 테디베어의 의상과 액세서리, 돌하우스(Doll House), 동화책으로 분화되면서 남녀 아이들이 모두 사랑하는 장난감이 된다. 이어 1920년대부터는 실용적인 재료의 사용으로 세탁도 가능해졌으며 가격도 초창기 때보다 상대적으로 저렴해진다. 그러나 무엇보다도 테디베어가 서구인들의 맹목적 사랑을 받게 된 계기는 제2차 세계대전 기간 동안일 것이다. 산업화가 한창일 무렵, 유럽에서 시작된 이 세계 전쟁의 포화는 사람들을 공포에 떨게 만들었는데, 모든 소비재 공장은 군수품 공장으로 전환되었고, 장난감 공장도 예외일 수는 없었다. 이런 상황에서 특별한 기계 설비 없이도 생산 가능한 물건이 테디베어였다. 제2차 세계대전을 겪으며 손바느질로 만든 전통적인 형태의 봉제 인형인 테디베어는 어린이뿐 아니라 전쟁에 상처 입은 성인들까지도 치유해주는 장난감으로 자리 잡게 된다.

초창기의 테디베어가 장인들의 꼼꼼한 수작업에서 완성된 유럽과 미국 상류층의 전유물이었다면, 1950년대 이후 공장에서 대량생산된 테디베어는 모든 계층이 가질 수 있는 대중적 장난감이 된다. 가수 엘비스 프레슬리(Elvis Presley)가 '테디베어'라는 곡을 발표할 정도로 미국 내 인기는 엄청났다. 하지만 1960년대 초반 바비 인형(Barbie Doll), 지.아이.조 등의 액션피규어가 미국 아이들의 환심을 사면서 테디베어의 인기는 시들해진다. 하지만 1960년대 컬러 TV의 보급과 함께 디즈니사의 '위니 더 푸우(Winnie the Pooh)'와 영국산 더플코트를 입고 다니는 곰 인형 '페딩턴(Paddington)'이 등장해 인기를 끌자, 테디베어는 다시 주목을 받는다. 테디베어에 대한 폭발적인 관심은 시대별로, 나라별로 테디베어가 체계적으로 분류되는 계기가 되고 형태, 재료, 기능, 여기에 인형에 숨겨진 일화들까지 더해져서, 테디베어는 아이들의 장난감을 넘어 성인들의 수집품으로 성장하게 된다. 1910년대 초창기 테디베어 인형들은 한정판 복원 제품으로 다시 태어나고 낡은 테디베어들은 전문 감정사에 의해 고가의 예술품으로 경매장에서 거래되기 시작했다. 독일 슈타이프사의 오리지널 테디베어는 상태에 따라 크리스티나 소더비 경매장에서 30만 달러까지도 호가한다고 한다.

왼쪽부터 페딩턴 베어와 곰돌이 푸우 인형.

모리스 미첨이 만든 테디베어는 이제 만날 수 없지만, 슈타이프 사의 테디베어는 여전히 고가의 테디베어로 세계적인 명성을 누리고 있다. 특히 슈타이프 사의 한정판 테디베어는 앙골라 산양의 양모를 사용하여 귀중한 가치를 돋보이게 한다. 독일 앙겔라 메르켈(Angela Merkel) 총리가 프랑스 니콜라 사르코지(Nicolas Sarkozy) 대통령에게 이 인형을 선물할 만큼 슈타이프 테디베어는 이제 독일이란 나라를 대표하게 된 것이다. 지금도 슈타이프 사는 초창기 테디베어의 복각판을 클래식 아이템으로 재생산하며 매년 새로운 디자인의 테디베어를 꾸준히 생산하고 있다. 오늘날 테디베어는 유명 작가들과의 콜라브레이션으로 독창적인 디자인을 선보이고 있다. 루이비통 코트를 입은 테디베어, 폴 스미스(Paul Smith)가 디자인한 테디베어, 칼 라거펠트(Karl Lagerfeld)의 테디베어까지 종류도 다양하다. 또한 의류 브랜드뿐만 아니라 세계적 기업들은 테디베어의 친근한 이미지를 마케팅에 활용하여 자사 제품의 판매를 촉진하고 있다. 이런 다양한 디자인의 테디베어의 탄생 배경에는 테디베어 아티스트(Teddy Bear Artist)의 성장을 꼽을 수 있겠다.

테디베어 아티스트의 등장은 1970년대 중반 이후부터 증가한 테디베어 컬렉터들에게서 유래된다. 컬렉터들은 처음에는 대량생산된 테디베어에 만족하였지만 점차 전통적인 디자인과 초창기 오리지널 테디베어를 찾기 시작했다. 따라서 버려졌던 낡은 인형들은 복원이 필요했고 자연스럽게 테디베어 복원예술가들이 등장하게 된다. 복원예술가들은 초창기 테디베어의 바느질 방법, 재료, 형태들을 체계적으로 연구하였다. 이런 흐름은 전통적 테디베어 만들기가 다시금 촉발되는 계기가 된다. 1980년 슈타이프 사의 첫 번째 한정판 복각품이 생산되고 1984년 영국에서 세계 최초의 테디베어 박물관이 오픈하자 테디베어 아티스트들은 그들만의 활동을 시작한다. 아티스트들 간의 정기적 모임이 시작되었고 테디베어 잡지의 창간과 테디베어 전시회, 테디베어 퍼레이드 등이 개최되었다. 2012년 현재 전 세계 테디베어 아티스트들은 미국과 유럽을 중심으로 왕성하게 활동하며 온라인에서 자신들의 작품을 판매한다. 흥미로운 것은 판매된 인형에 '입양(Adopted)'이란 단어를 쓰는 것인데, 그만큼 자신의 작품을 사랑하는 작가 마음의 표현으로 보인다.

우리나라의 경우 1990년대 중반 문화강좌에서 시작된 테디베어 만들기는 이후 한국테디베어협회의 출범과 연이은 테디베어 뮤지엄의 개관으로 활발한 대중화를 이어가고 있다. 20년 가까이 계속된 테디베어 아카데미는 수많은 테디베어 전문 아티스트들을 배출했다. 현재 이들은 국내 활동은 물론 해외 테디베어 컨벤션에 적극적으로 참가하고 있다. 소박한 봉제 인형에서 시작된 테디베어는 100여 년이 지난 지금도 전 세계에서 꾸준히 사랑받으며 명품 곰인형이라는 타이틀과 함께 친근한 곰 인형의 모습으로 만년 전성기를 누리고 있다.

왼쪽부터 소체(Zotty, 텁수룩한 털) 테디베어, 항해사 잭 테디베어.

슈타이프 사의 패키지와 테디베어.

CLASSIC TOY

PART 07

오랜 역사의 장난감

오래 두어도 질리지 않는 장난감

장난감은 인류와 기나긴 역사를 함께 했다. '가지고 노는 도구'는 문명의 초기부터 인류의 삶속에 있었다. 드넓은 초원 어디서나 구할 수 있었던 자연물(돌멩이와 나뭇가지 등)은 원시시대의 훌륭한 장난감이었다.

손으로 만들어진 장난감의 시초는 기원전으로 거슬러 올라간다. BC 4000년, 체스와 비슷한 보드게임이 바빌로니아에서 처음 시작되었고 로마 병사들도 보드게임을 가지고 놀았다는 기록이 있다. 고대 이집트에서는 돌로 만든 구슬 장난감을 가지고 놀았으며 BC 1000년에는 그리스에서 '요요'의 기원이 되는 장난감이 등장하였다. 이후 나무로 만든 칼과 방패, 헝겊으로 만든 인형들은 일상적인 놀잇감으로 1,000년의 긴 세월을 아이들과 함께 했다. 18세기 유럽의 왕실에서 장난감 전문 제작자가 만든 인형이 제작되며, 19세기(약1840년)에 이르러 비로소 대량생산이 이루진 인형은 많은 아이들의 동반자가 된다.

1950년대 전성기를 구가했던 양철 장난감 우주선.

　산업혁명 이후 20세기는 장난감이 대중문화 속으로 진입하는 시기이다. 장난감은 과학과 결합하고(축음기 기술을 응용한 말하는 인형) 패션과 동업하며(바비 인형 등 패션 돌), 영화와 만화를 자신의 친구로 삼는다(캐릭터 장난감). 21세기 장난감은 대중문화의 셀러브리티가 되어 미래의 더 큰 성장을 예고하고 있다. 오랜 역사를 지닌 장난감들을 꼼꼼히 살펴보면, 장난감의 성장을 이끄는 힘이 무엇인지 알 수 있다(이 챕터에 언급된 장난감만이 역사적 가치가 있는 것은 아님을 밝혀둔다).

마트료시카

마트료시카(Matryoshka) 인형은 러시아의 전통인형으로 인형 안에 작은 인형들이 여러 개 들어가는 형태다. 오뚝이 인형처럼 생긴 나무 인형을 열면 같은 모양이지만 디자인이 다른 인형이 나타난다. 같은 방식으로 수차례 반복할 수 있는 형태다. 모양이 비슷하면서도 캐릭터의 표정이나 색상이 다른 인형들이 다산과 풍요를 상징하는 이 장난감은 러시아 민속공예품에서 유래했다. 같은 모양의 인형 안에 여러 개의 인형이 겹쳐져 있으며, 구 소련 시절에는 유명한 러시아 정치인이나 유명인을 의인화한 마트료시카 인형들이 생산되기도 했다. 미국에 버블헤드가 있다면 러시아엔 마트료시카가 있는 셈이다. 민속공예품으로 출발하여 유아용 장난감의 목적으로 대량생산되었고 러시아 혁명 이후에는 정치인을 풍자하는 캐릭터로 성장한 마트료시카. 구 소련이 해체된 이후 마트료시카의 독특한 디자인은 전 세계에 퍼져나가 각종 장난감에 응용되고 있다.

마트료시카를 응용한 〈스타워즈〉 캐릭터 장난감.

러시아 관광지 어디서나 쉽게 만날 수 있는 마트료시카 인형. 거의 모두 수공예품이다.

〈토이 스토리〉에 등장한 슬링키 도그.

CLASSIC TOY

슬링키와 슬링키 도그

스프링 장난감 슬링키는 철컹거리는 소리를 내며 계단을 내려간다. '슬링키'는 스웨덴 말로 '나선으로 움직인다'는 뜻이다. 이 슬링키 장난감은 1945년 미 해군 기술자에 의해 우연히 탄생한다. 길게 잡아당긴 스프링이 책상 바닥으로 떨어진 후 계속해서 움직이는 모습을 발견한 그는 이 원리를 응용한 장난감 상품화에 나선다. '훌라후프 신드롬'처럼 슬링키는 빠르게 퍼져나갔고 슬링키 장난감 주제가까지 등장한다. 이 단순해 보이는 장난감에는 물리학 법칙이 숨어있다. '훅의 법칙'이라는 것인데, 탄성체가 압력을 받으면 가해진 압력에 비례해서 형태가 변한다는 법칙이다. 과학의 비밀이 숨겨져 있는 장난감은 '슬링키 도그'란 상품으로 다시금 각광받는다. 강아지 인형, 몸통 중간에 슬링키를 넣어 잡아당기면 빠르게 앞으로 전진하는 장난감 강아지 슬링키 도그. 영화 〈토이 스토리〉의 한 장면을 떠올리면 이 강아지의 활약상을 가늠할 수 있을 것이다.

틴토이

　남자가 대부분인 장난감 수집가들 사이에서 '양철 장난감(Tin Toy)'은 매력적인 수집 아이템이다. 양철의 거친 질감이 초창기 산업화의 냄새가 물씬 풍겨서 그럴까. 자동차, 기차, 비행기, 로켓 등등 종류도 다양하지만 가장 사랑받는 양철 장난감은 로봇이다. 미국과 독일 등에서는 더 이상 만들지 않지만 체코와 중국에선 저렴한 양철 장난감이 최근에도 대량생산되고 있으며 일본의 경우 정밀한 양철 장난감들이 로봇 장난감을 중심으로 한정 판매되고 있다. 일본의 대표 틴토이 업체 '오사카 틴토이' 사는 1970년대부터 양철 장난감만을 수작업으로 생산하고 있다. 또 거기에 그치지 않고 정기적인 장난감 전시회와 관련 서적의 출간으로 틴토이의 가치를 새롭게 조명하고 있다.

대표적인 양철 장난감 틴토이 로봇.

왼쪽부터 양철로 만든 트렉터와 기차 장난감, 자전거 장난감.

근대 장난감의 조상격인 틴토이는 지금으로부터 150년 전 즈음 시작되었다. 19세기 중반 얇은 양철판을 가공해 장난감을 만들기 시작했다. 이 장난감들은 양철(tinplate)의 소재 이름을 따 틴토이(Tin Toy)라 불리었다. 양철은 값싸고 내구성이 있어 유용했기에 나무 재료의 대체품으로 널리 사용되었다.

초창기 틴토이 산업은 1850년대 독일에서 시작되었고 1880년대 후반 옵셋 석판 인쇄로 대량생산이 용이해졌다. 독일은 20세기 초반까지 세계적인 틴토이 제작 국가였다. 대부분의 유명한 제작자들은 독일인이었고 그중 에른스트 파울 레만(Ernst Paul Lehmann)은 90% 이상의 틴토이들을 유럽 등지로 수출했다. 이에 자극받은 영국과 프랑스는 틴토이 시장에 뛰어들었고 수만 가지의 상품들을 생산한다.

미국은 이 시기 일리노이 주 광산의 풍부한 자원을 바탕으로 틴토이 제작에 착수했는데 값싼 재료와 급속한 공장의 증가로 유럽 시장을 점유했다. 거기에 제1차 세계대전의 발발로 인한 반독일 감정은 미국 기업의 성장에 큰 몫을 한다. 1920년 미국 틴토이 회사의 주문량은 유럽 경쟁사들을 월등히 추월했고 1920년대부터 40년 동안 미국 틴토이 산업은 독보적 위치에 오른다. 이 시기의 대표적 제작자 루이스 막스(Louis Marx)는 엄청난 종류의 디자인을 틴토이에 적용시켰고 대량생산을 통한 가격인하로 큰 성공을 거둔다.

한편 제2차 세계대전이 시작되자 양철이 항공모함, 잠수함 등의 재료로 쓰이는 바람에 틴토이 제작은 중단된다. 틴토이의 원조인 독일과 다른 유럽 국가들은 무기 생산에 집중할 수밖에 없었고 그러다 종전 후 '마샬 플랜(Marshall Plan, 경제 부흥책)'에 따라 일본의 미국 주둔 지역에서 틴토이 산업이 재개된다.

미국의 비싼 노동력에 비해 월등히 싼 일본 노동자의 임금은 틴토이 O.E.M 생산에 제격이었고 미국 회사들은 앞다투어 일본 공장을 지었다. 일본에서 생산된 틴토이는 미국뿐만 아니라 전 세계에 수출되었다. 이 황금기는 1960년대까지 이어지다 미국 내 장난감 안전규정에 의해 플라스틱이 양철을 대체하면서 서서히 저물게 된다.

일본은 양철 장난감의 역사가 좀 더 지속됐는데 그 이유는 패전국의 우울감을 잊게 해준 SF 물과 틴토이의 결합으로 탄생한 '양철 로봇(Tin Robots)' 때문이다. 다양한 로봇들은 스모킹 로봇, 스페이스 로봇 등으로 불리며 일본인의 사랑을 받는다. 일본의 양철 로봇은 1970년대까지 생산되다가 서서히 사라지는데 1980년대 이 로봇의 수집가치가 컬렉터들 사이에서 형성되면서 양철 로봇의 붐이 다시금 일어나기 시작한다. 양철 로봇 경매 최고액인 4만 달러에 팔린 '머신맨'부터 300달러대의 복각품 틴토이까지 틴토이 수집에 목마른 컬렉터들은 지금도 세계 시장을 구석구석 찾아 헤매고 있다.

〈스타워즈〉 R2D2와 C3PO 틴토이.
빈티지 스타일의 미키와 미니 마우스, 도널드 덕 틴토이.

1960년대 빈티지 로봇 복각품.

나무 장난감

오랜 역사의
나무 장난감 요요.

최근 생활 목공예에 대한 대중들의 관심이 증가하고 있다. 급속하게 산업화가 되면서 자연을 그리워하는 현대인의 갈증이 나무로 만든 제품에 대한 그리움을 불러왔는지도 모른다. 장난감도 예외는 아니다. 아이들에게 해로운 환경호르몬이 발생하는 저급 플라스틱 재질 대신 친환경으로 제작된 나무 장난감은 부모들을 안심시키기에 충분하다. 21세기 들어 다시금 환영받는 나무 장난감은 100여 년 전 아니 그 이전부터 어린이 장난감의 대표 아이콘이었다. 플라스틱과 ABS, 다이캐스팅 등 신소재에 밀려 예전의 인기만큼은 아니지만 묵묵히 자신의 자리를 지켜왔다.

고고학자들의 증언에 의하면 고대 그리스, 로마 시대부터 나무로 만든 장난감이 존재했다고 한다. 사람 모양의 인형과 말, 전차 등이 나무 장난감으로 만들어졌고 그 전통은 중세 봉건 사회에도 이어졌다. 전문화된 나무 장난감 제작자가 등장한 곳은 18세기 독일이었다. 동물 모양의 장난감은 기본이고 사람과 똑같이 생긴 인형도 제작했다. 그러던 것이 19세기에 더욱 정교해져 나무로 만든 돌하우스, 미니어처 극장, 나무 병정 등이 출시되었다. 19세기 초기에 이런 나무 장난감이 인기를 끌었다면 후반에는 산업혁명의 냄새가 물씬 풍기는 제품들이 많았다. 증기 기관차와 유람선, 트럭 등 산업화를 대변하는 장난감들이 화려한 색채의 도료로 표현되었다.

20세기 초반에는 대량생산 시스템에서 전문적인 장난감 생산이 시작된다. 장난감 제조사들은 자신들의 브랜드를 홍보하며 상품 판매에 나선다. 수공예 도색 방식에서 벗어나 인쇄된 필름을 나무 몸체에 입히기도 하고 양철이나 주석 같은 재료도 장난감에 사용하였다. 제조사들은 저마다 신문과 라디오에 광고를 하며 상품 판매에 열을 올렸다. 그러나 제2차 세계대전 이후 플라스틱이 등장하면서 나무 장난감들은 고전을 면치 못한다. 한 번 금형을 만들어 두면 값싼 원가에 무한의 제품을 찍어내는 플라스틱 제품들을 당해낼 재간이 없었던 것이다. 기본적으로 목재 세공비가 들어가는 나무 장난감들이 가격 경쟁력에서 신소재 장난감들에게 밀리면서 나무 장난감의 전성기는 막을 내린다.

흔들목마(Rocking Horse) 장난감.

산업화 초기 사랑받았던 나무 장난감 풀토이들.

결국 1950년대 이후 절반 이상의 나무 장난감 회사들이 문을 닫는다. 하지만 나무 장난감의 역사적 의미마저 사라진 것은 아니다.

첫째, 나무 장난감은 근대적 장난감 생산 시스템의 모태가 되었다. 덴마크의 '레고(LEGO)' 사가 대표적이다. 1930년대 나무 장난감 제작으로 시작된 레고 사의 사업은 1940년대 후반 플라스틱 장난감으로 방향을 바꾼다. 하지만 레고 사의 창업주는 목재 가공 기술의 바탕이 없었다면 레고 사는 지금처럼 발전할 수 없었다고 항상 말해왔다. 그는 그가 죽을 때까지 목재를 가공하는 생산라인을 유지할 것을 원했다.

둘째, 나무 장난감의 특성을 살린 제품들이 등장했다. 미국의 유명 장난감 회사인 '피셔프라이스(Fisher·Price)' 사도 원래는 나무 장난감 전문 회사였

피셔프라이스 사의 나무 피아노.

다. 플라스틱이 등장하자 피셔프라이스 사는 생존을 위해 신 재료를 받아들인다. 하지만 그들은 나무 본연의 성질을 살린 제품을 연구한다. 나무는 플라스틱보다 무게감이 있으며 가공을 하기 전에는 내용물이 꽉 찬 덩어리의 형태이며 가공 후에도 견고함이 있는 재료의 특성이 있었다. 수차례의 실험 끝에 피셔프라이스 사는 나무 장난감이 플라스틱에 비해 소리의 울림이 좋음을 발견한다. 소리가 가볍지 않고 중저음으로 울리는 나무 장난감의 소리는 이후 수많은 어린이용 장난감 제작에 응용된다. 아이들이 끌고 다니는 소리 나는 풀 토이들과 시계, 라디오 모양의 사운드 토이, 악기 종류의 장난감들에 목재 재료가 사용됐다. 1940년대부터 40년 동안 피셔프라이스 사의 나무 장난감들은 미국 산업 역사에서 전설로 남을 만큼 성공적인 판매고를 올렸다.

　셋째, 훗날 플라스틱으로 무장한 미국 장난감에 대항할 유럽의 자존심으로 자리 잡는다. 제2차 세계대전을 전후로 많은 유럽의 인재들이 미국으로 넘어가게 된다. 과학자, 예술가, 지식인 등 수많은 사람들이 전쟁의 포화를 피해 신대륙으로 몸을 숨겼다. 하지만 유럽의 많은 장인들은 삶의 터전을 버리고 도망을 갈 수 없었다. 그들은 전쟁 중인 모국에 남아 홀로 수공예 작업

왼쪽부터 피셔프라이스 사의 나무 라디오 장난감,
나무로 만든 체코의 악기 장난감.

으로 생계를 유지하며 자손들에게 기술을 전수한다. 유럽의 나무 장난감 장인들은 이렇게 정체성을 이어나간다. 훗날 이 전통은 근대화된 유럽 장난감 회사의 근간이 되어 나무 장난감 산업을 이끌게 된다.

1950년대 나무 보행기와 2000년대 나무 보행기.

나무는 따뜻한 성질이 있고 자연의 촉감이 있다. 게다가 서로 부딪쳤을 때 좋은 소리가 난다. 나무는 청소하기 쉽고 알레르기 반응을 일으키지 않는다. 플라스틱 장난감에 비해 제품 지속력이 좋으며 강한 내구성이 있다. 무엇보다도 나무 장난감의 단순함은 창의력을 증진시키는 훌륭한 교육적 가치를 지닌다. 나무 팽이(Wooden Spinning Tops), 나무 흔들 목마(Wooden Rocking Horses), 나무 인형(Wooden Dolls), 나무 썰매(Wooden Sleds), 나무 딸랑이(Wooden Rattles), 나무 퍼즐(Wooden Puzzles), 나무 알파벳(Wooden Alphabet), 나무 수학놀이(Mathematics Wooden Play)…. 수많은 종류의 나무 장난감은 그 역사만큼 긍정적인 메시지를 던진다.

위 프랑스 발락 사에서 만든 풀토이 강아지 토비(Toby).
아래 스웨덴 플레이샘 사의 디자인 나무 장난감.

와인드 업 장난감

    와인드 업, 곧 태엽은 우리 생활에서 흔히 볼 수 있는 기계구조 중 하나이다. 15세기 와인드 업 기계 장치는 독일의 발명가 카렐 고드(Karel Grod)에 의해 발명되었다. 그는 태엽을 감아 사용하는 금속으로 된 독수리 모양의 비행 물체를 만들어냈다. 그리고 1509년 레오나르도 다빈치는 이탈리아에서 루이 12세를 위해 태엽을 감아 움직이는 사자 모양의 기계를 만들었다고 전해진다. 그 당시 태엽은 사람이나 동물이 아닌 기계로부터 나오는 동력을 의미하는 과학의 산물이었다. 인간이 만들어낸 이 자동화된 움직임은 훗날 기계 공학의 밑거름이 된다. 18세기가 되자 태엽을 감는 기계의 연구는 내연기관에 밀려 쇠퇴했으나 태엽 감는 장난감은 1800년대까지 아주 저렴하게 대량으로 생산됐다. 유럽의 장난감 제작자들은 1880년대 후반 처음으로 깡통 재질로 된 태엽 감는 장난감을 만들었다. 그렇게 50년의 세월이 흐른 후 많은 유럽의 제작사들은 더욱 정교하고 발전된 와인드업 장난감을 만들기 위해 노력했다.

놀이공원의 회전기구 장난감.

태생부터 태엽 장난감의 동반자는 양철 장난감이었다. 양철판을 펴서 만든 손때 묻은 장난감들은 지금 보아도 산업화 초기의 향수를 느끼게 해주는 제품들이다. 양철은 나무보다 재료의 가격이 싸고 내구성이 좋은 장점이 있어서 20세기 초반에는 다수의 장난감들이 양철로 제작되었다. 1940년대까지 양철 장난감의 최대 생산국은 독일이었으나 이후 미국과 일본에서 주로 생산하게 된다. 태엽 장치와 양철 장난감의 결합은 약 1930년대 즈음 시작된 것으로 알려졌으며 미국에서 제작이 활성화되었다고 전해진다.

당시는 와인드 업 장난감으로 알려지기보다는 짤깍대는 장난감(일명 'Clicker Toy')으로 불렸다. 1930년대만 하더라도 미국은 양철 장난감의 주변국이었으나 제1차 세계대전 이후 시작된 '안티-저먼(Anti-German)' 정서로 인해 미국은 양철 장난감의 주 생산국으로 떠오른다. 이런 당시 정서에 편승하여 미국의 루이스 막스(Louis Marx)는 1930년대부터1960년대까지 다양한 와인드 업 장난감을 선보인다. 그의 회사 막스 와인드 업(Marx Wind-ups, Marx Mechanical Windup Toys, 두 가지의 회사 이

위부터 미국의 슈퍼맨과 일본의 그랜다이저 태엽 장난감, 심슨 틴박스. 태엽을 감으면 회전목마가 돌아가고 로봇이 걸으며 인형이 튀어나온다.

1980년대 우리나라에서 생산된 태엽 인형.

름이 사용된 것으로 기록에 남아있다) 사는 자동차, 교량, 빌딩 등 현대 사회의 모든 모습을 양철 장난감으로 제작했으며 이 중 승용차와 소방차, 버스, 오토바이 등 다양한 운송 수단들을 와인드 업 양철 장난감으로 선보였다. 이후 펜실베니아에 근거를 둔 에리 팩토리(Erie Factory) 사와 제휴한 막스 와인드 업 사는 와인드 업 장난감 생산을 기하급수적으로 늘리게 된다. 뽀빠이, 슈퍼맨 등 당대 인기 캐릭터들의 태엽 장난감도 출시하였고 1950년대에는 매년 기계 자동차, 탱크 및 트랙터 등의 장난감을 수백만 개 생산했다. 1960년대에는 플라스틱 제품도 생산하여 제품의 다양화를 추구하였다.

1980년대 초반까지 태엽 장난감의 인기는 계속된다. 하지만 무선 조종 장난감과 비디오 게임의 등장은 더 이상 아이들의 관심을 태엽 장난감에 묶어두지 못한다. 결국 와인드 업 장난감들은 주류 장난감 시장에서 살아남지 못하고 대부분 사라져갔다.

전자식 장난감과 캐릭터 장난감, 액션 피규어 등에 밀려 한때 자취를 감췄던 와인드 업 계열의 장난감들은 복고풍 제품의 수집 열풍을 시작으로 다시 주목 받는다. 장난감 수집가들은 지난 시절의 추억을 떠올리는 태엽 장난감들을 모으기 시작했고 그 중심에는 양철 장난감이 있었다. 양철 자동차, 양철 로봇, 양철 비행기 등 종류가 다양했는데 모두 태엽 장치를 거의 포함하고 있다(단 양철 로봇은 배터리 방식이 많다). 지난 시절의 오리지널 와인드 업 장난감들은 가격이 매우 비싼 편이다. 하지만 고가에 거래되는 오리지널 장난감이 있는 반면 옛 디자인을 복각하여 생산된 최근의 제품들도 있다. 일본과 중국, 체코 등지에서 생산되는 복각판 와인드 업 양철 장난감들은 비교적 적당한 가격(일본의 일부 제조사의 복각품 틴토이 로봇들은 가격이 비싼 편이다)으로 수집가와 만나고 있다.

아기들 침대에 달려있는 모빌에서 자명종 시계와 요리용 타이머까지 태엽이 내장된 생활 용품의 종류는 다양하다. 이 중 태엽 장치가 가장 활발하게 쓰이는 용도가 장난감이다. 움직이는 장난감에 민감하게 반응하는 어린 아이들은 와인드 업 장난감을 무척 좋아한다. 작은 손으로 장난감을 손에 움켜쥐고 태엽을 돌려 바닥에 내려놓았을 때 이리저리 움직이는 장난감은 그들에게 꽤나 큰 즐거움이다.

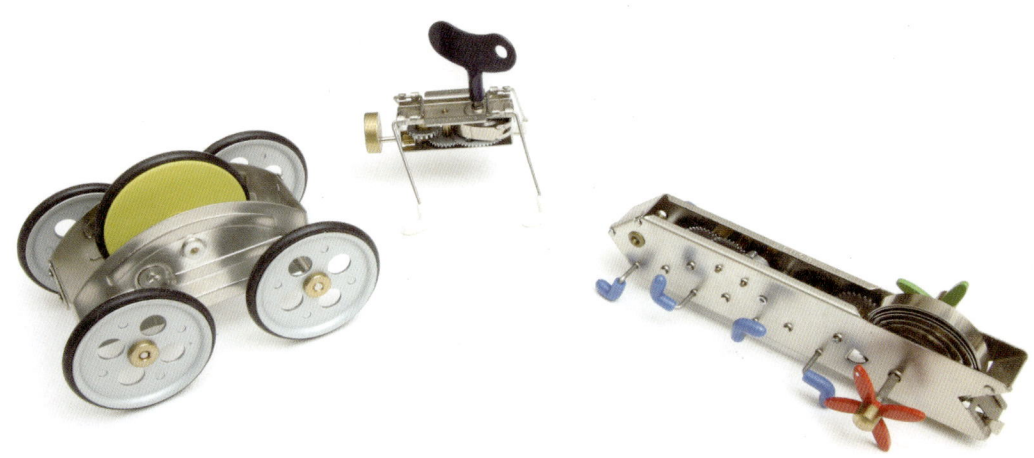

위부터 태엽 동화책과 태엽 벌레. 와인드 업 장난감의 새로운 시도.

미스터 포테이토 헤드

미스터 포테이토 헤드(Mr. Potato Head)라는 캐릭터는 1950년대 미국에서 발매된 고전 장난감 중 하나다. 뉴욕 브룩클린의 장난감 발명가 조지 러너(George Lerner)에 의해 탄생한 이 장난감은 작은 일상의 발견으로부터 시작되었다. 어느 날 그는 어머니가 요리하다가 남은 야채와 과일들을 정원에 내다버린 것을 우연히 보게 된다. 그것들을 한참 동안 들여다보았는데, 그의 눈에는 식재료들이 마치 제각각 표정을 짓고 있는 것처럼 보였다. 조지 러너는 굴러다니는 감자를 주워 몸통을 삼고 곁에 남은 식재료로 눈, 코, 입을 만들어 인형놀이를 해보았다. 그리고 본격적으로 어린 여동생과 함께 놀기 시작한다. 재미있게 과일을 가지고 노는 동생을 보며 러너는 구체적인 장난감 제작을 결심하고 이것의 이름을 '퍼니 페이스 맨(Funny Face Man)'이라고 부르게 된다.

퍼니 페이스 맨은 감자 몸통에다 포도로 눈을 만들고 당근으로 코를 만든 장난감이다. 이런 방식으로 러너는 퍼니 페이스 맨 장난감의 원형을 만들어 장난감 회사들을 찾아다닌다. 하지만 제2차 세계대전 직후 인 1948년, 먹을 것도 충분치 않던 시대적 분위기는 그의 장난감 아이디어를 반기지 않았다. 많은 장난감 제조사들이 그의 제안을 거절했고 그는 겨우 한 시리얼 회사에 아이디어를 팔게 된다. 그후 퍼니 페이스 맨은 시리얼 회사 제품의 판촉물로 시장에 공개된다. 1950년 직물 제조사인 헨리(Henry)와 메릴 하센펠트(Merrill Hassenfeld)가 운영하는 '하센펠트 브라더스(Hassenfeld Brothers, 하센펠트 브라더스는 훗날 스타워즈 피규어로 큰 성공을 거둔 '하스브로' 사의 전신

인 회사다)' 사가 이 장난감에 관심을 보였고, 1951년 시리얼 회사와 조지 러너로부터 이 장난감의 판권을 사들이게 되었다. 1952년 이 장난감은 미스터 포테이토 헤드와 퍼니 페이스 키트(Mr. Potato Head and Funny Face Kit)란 이름으로 정식 출시한다.

〈토이 스토리〉 버전의 미스터 포테이토 헤드.

초창기 형태의 미스터 포테이토 헤드,
미스터 포테이토 헤드와 단짝 미세스 포테이토 헤드.

1950년대 미국은 장난감의 춘추전국시대라 불릴 만큼 다양한 장난감이 출시되었다. 플라스틱이란 재료의 등장은 여러 가지 형태의 장난감과 화려한 색상의 제품 제작을 가능하게 했고 발명가들은 앞다투어 새로운 아이디어의 장난감을 내놓았다. 장난감의 종류가 많다 보니 제조사마다 홍보 경쟁이 치열했다. 그리고 값싼 재료를 사용한 조악한 재질의 장난감도 숫자가 늘어나 장난감에 대한 소비자들의 불신이 커지게 된다.

하센펠트 브라더스 사는 치열한 판매경쟁에서 승리하기 위해 손쉽게 아이들의 관심을 끌 수 있고 무엇보다도 부모들에게 신뢰를 얻을 수 있는 마케팅 방법을 고심한다. 하센펠트 브라더스 사는 당시로서는 상상하기 힘들었던 TV 광고를 시도한다. 이것은 장난감 업계에서는 최초의 시도였다. 과도한 광고비의 지출이라는 우려에도 불구하고 미스터 포테이토 헤드와 퍼니 페이스 키트는 출시된 첫 해 400만 달러의 판매고를 기록하게 된다. 당시 개당 가격이 0.98달러인 것을 감안하면 엄청난 기록을 세운 것이다. 이에 다른 장난감 제조사들도 TV 광고를 시작하며 매출 상승의 효과를 보게 되고 장난감 산업의 TV 광고는 이 시기부터 일반화된다.

1952년 초판 미스터 포테이토 헤드는 패키지 안에 손과 발, 귀, 두 종류의 입, 눈, 4가지 코, 3개의 모자와 안경, 파이프, 그리고 8가지 헤어스타일의 가발이 포함되었다. 그러나 초창기 장난감에는 감자 몸통이 포함되지 않아 많은 감자와 채소들이 아이들에 의해 구멍이 나곤 했다. 1년 뒤 미스터 포테이토 헤드의 반려자 미세스 포테이토 헤드가 출시되었고 남동생 스푸(Spud)와 여동생 얌(Yam)을 출시하여 포테이토 가족이 완성된다. 또한 미스터 포테이토 헤드 제품들은 1950년대 당시 풍요로운 중산층의 모습이 반영되었다. 포테이토 헤드 가족의 집과 자동차, 보트 트레일러 등이 당시 시대 상황에 맞춰 등장했으며 포테이토 헤드 가족의 애완견 스푸 에트(Spud Ettes)도 생산되었다.

1964년 현재의 포테이토 헤드의 모습에 가까운 형태로 디자인이 변형되고, 미국 내 강화된 안정규정에 의해 플라스틱 감자 몸통이 포테이토 헤드 장난감 키트에 추가된다. '하스브로'로 이름을 바꾼 하산펠트 브라더스 사는 다른 과일 디자인을 활용하여 미스터 포테이토 헤드와 유사한 시리즈를 지속적으로 출시한다. 오스카와 피트란 이름의 플라스틱 오렌지와 피망을 출시하고 뒤이어 당근과 오이 캐릭터 등을 출시한다. 모두 미스터 포테이토 헤드와 같은 기능을 가진 장난감들로 점차 야채 장난감 제품군으로 성장하였다. 하스브로 사는 '포테이토 헤드와 피크닉 친구들'이란 이름으로 패스트푸드 영역까지 사업을 확대한다. 하지만 지나친 상업화에 대한 비판으로 포테이토 헤드 시리즈의 판매는 부진했다. 1975년에는 미국 정부의 어린이 안전 규정에 의해 미스터 포테이토 헤드는 몸통과 액세서리 모두 두 배 이상 커지게 된다. 어린 아이들이 가지고 놀기 편한 사이즈와 삼킬 염려가 없는 큼지막한 액세서리들은 다시 한 번 전성기를 가져온다. 현재 크기는 이때부터 시작된 것이다.

1980년대 잠시 주춤하던 이 캐릭터는 1995년 〈토이 스토리〉의 성공과 함께 다시 활기를 띄게 된다. 곧이어 미스터 포테이토 헤드를 주인공으로 한 TV 애니메이션이 만들어졌고 미스터 포테이토 헤드의 다양한 패러디가 등장한다.

미스터 포테이토 헤드의 가장 큰 장점은 우스꽝스럽지만 친근한 형태를 가지고 있는 점이다. 원형의 몸통에 큰 눈을 껌뻑거리며 뒤뚱뒤뚱 걷는 이 캐릭터는 그 모습만으로도 웃음을 자아낸다. 2000년대 이후 시작된 패러디 열풍에 힘입어 미스터 포테이토 헤드는 여러 가지 패러디 제품들을 선보인다. 〈토이 스토리〉의 주인공 우디와 버즈를 패러디한 포테이토 헤드와 트랜스포머 포테이토 헤드 등이 인기리에 판매되었고 스타 투어(Star Tour)란 이름으로 스타워즈의 각 캐릭터들을 포테이토 헤드 시리즈로 출시했다. 이런 패러디 시리즈의 성공은 미스터 포테이토 헤드의 위트 있는 캐릭터 본질이 상품화와 잘 맞아 떨어졌기에 가능했다. 패러디는 곧 웃음이라는 공식은 미스터 포테이토 헤드와 잘 맞는 한 벌의 옷이 되었다. 미스터 포테이토 헤드 외에도 심슨 가족과 초콜릿 회사 '엠앤엠(m&m)'의 상표처럼 유머러스한 캐릭터들은 요즘 패러디 제품으로 각광받고 있다.

왼쪽 루크와 레이아 공주.
위 다스 베이더, C3PO, 스톰트루퍼.
〈스타워즈〉의 주인공을 패러디한 포테이토 헤드.
아래 트랜스포머 포테이토 헤드.

PLAYING TOY

PART 08

놀이용 장난감

놀이와 장난감

놀이는 장난감의 발명 이전부터 행해진 인간의 본능적 행위 중 하나다. 숨바꼭질, 달리기, 술래잡기, 물놀이 등은 여가를 즐기기 위한 인간의 자연스런 놀이 행위였다. 놀이가 발전하자 사람들은 도구를 이용하게 된다. 막대기 멀리 던지기, 돌멩이 맞추기는 놀이의 진화된(구체화된) 형태로 볼 수 있다. 이런 놀이들은 점차 성인 남자가 되어 수렵활동이나 노획작업을 할 때 도움이 되는 방식으로 발전된다.

원시 사회에서 사물의 움직임에 대한 아이디어는 짐을 옮기는 데서 시작되었다. 가죽 끈이나 덩굴 줄기로 통나무나 나무장작을 묶어 정착지로 끌고 오는 작업은 움직임과 이동에 관한 연구를 하게 만들었다. 이것은 원시적이지만 운송 수단의 시초라 할 수 있다. 이것을 본 아이들은 어른들의 모습을 흉내 내어 놀이에 적용시킨다. 끈을 매단 물건 더미에 아이들을 태우고 끌고 다니거나 누가 더 먼 거리를 빨리 끌고 가는지 내기도 했을 것이다. 좀 더 정밀한 놀이의 발달은 석기 시대 이후 돌도끼와 돌칼의 사용 이후로 추측된다.

예리한 도구로 만들어진 물건에 관한 첫 번째 기록은 B.C. 6000년경 이집트 미이라의 무덤에 나와 있다. 그리고 B.C. 5000년부터 그들은 나무 원통(Roller)으로 물건을 옮겼으며 B.C. 4000년에는 두 개의 문명이 최초의 장난감 형태를 제작하였다. 이 시기에는 벽돌과 생활 도기류를 만들기 위해 점토가 사용되었다. 그리고 도공들은 남은 점토로 취미 삼아 동물 모양의 도기를 만들었다. 발굴된 유물에 의하면 동물 모양의 도기들은 장식적 목적으로 만들어졌으나 아이들이 이것을 끈으로 묶어서 가지고 논 것으로 추정된다. 이 문명의 후반기에는 동물 뼈 조각으로 단단한 점토바퀴를 도기 인형에 고정시킨 장난감 형태의 물건도 있었다고 한다.

호빵맨 플레이세트. 이런 방식의 장난감들은 놀이를 전제로 기획되어 만들어진다.

왼쪽 남자아이들이 좋아하는 놀이 도구를 모아 놓은 심슨 놀이 세트.
오른쪽 바퀴달린 물건이 레일을 따라 내려가는 놀이 장난감. 바퀴는 문명의 초기부터 장난감의 근간이 되는 것이었다.

B.C. 3000년 청동기 시대는 나무 바퀴에 차축을 연결하여 사용하였다. 2개 혹은 4개의 바퀴달린 수레를 황소나 나귀가 끌고 다닌 유물이 수차례 발견되었다. 또한 이집트 파라오 시대 귀족의 무덤에선 당시 상류층 아이들이 가지고 놀던 희귀한 나무 장난감이 있었다. B.C. 2000년 이집트인들이 정밀한 나무 가구(나무와 나무를 이음새에 끼워 맞추고 맞춤 못과 접착제를 사용)를 만든 것으로 보아 그 시기의 장난감은 매우 발전되었을 것으로 추측한다.

B.C. 1000년 청동기 시대에는 차축에 철제 바퀴를 사용하는 전차와 수레를 제작하였다. 또한 나무를 가공하는 방법이 발전되어 나무 선반과 가구를 정밀하게 만들 수 있게 된다. 이 기술력은 '문명'이 '문화'로 변모하는 기반이 되어 그리스와 로마의 황금 시대를 열었다. 이때에도 바퀴달린 장난감의

원반걸기 게임. 중세 군인들이 전쟁터에서 심심풀이로 하던 놀이가 기원이 되었다고 한다.

역사는 계속된다(A.D. 476년 그리스, 로마 제국 멸망 후 암흑의 시대에 모든 장난감 유물이 소실되었지만 상류층에서 장난감을 가지고 놀았다는 기록이 남아있다).

　13세기 중세 시대 초기에 정복자 윌리엄(William)이 장난감 군인 인형을 영국에 가져온다. 그 시기 전쟁놀이(게임)는 귀족들의 자녀교육 차원에서 권장되었다. 따라서 점토와 철로 만들어진 말 탄 기사 장난감과 나무로 만든 칼과 방패, 활 등 전쟁 장난감이 주로 눈에 띈다. 비록 이 시기 풀 토이에 관한 구체적인 기록은 찾을 수 없으나 프랑스 시편의 한 부분 '목마(Hobby Horse)'의 묘사가 있다. 이로 보아 어린이 목마는 당시 가정용 장난감으로 보편화된 모양이다. 16, 17세기가 되어서야 독일이 처음으로 근대적 장난감 생산 개념을 도입하고 주변 국가에 장난감을 수출하기 시작한다.

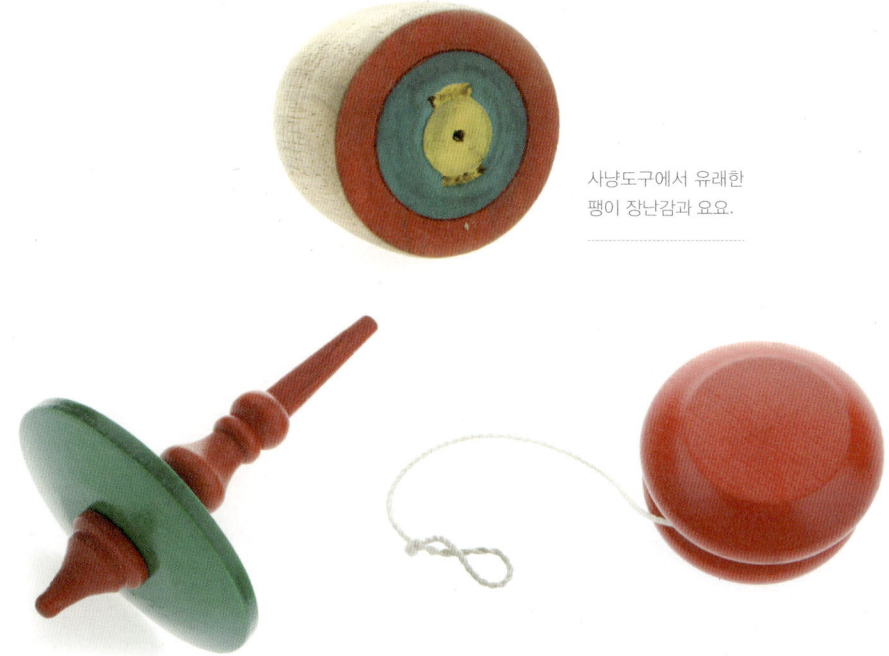

사냥도구에서 유래한 팽이 장난감과 요요.

풀 토이

'풀 토이(Pull Toy, Pull-along Toy)'는 여러 가지 모양의 바퀴가 달린 장난감에 4피트(약 120cm) 정도의 줄을 달아 끌고 다니며 가지고 노는 형태의 장난감을 말한다. 이 장난감은 수세기 동안 아이들의 사랑을 받았다. 점토에서 시작된 장난감의 재료는 나무, 주철, 플라스틱까지, 인류역사가 진화함에 따라 변해왔다. 이처럼 풀 토이는 장난감인 동시에 역사를 담고 있는 문화이기도 하다. 예를 들어 B.C. 1250년 트로이 목마를 풀 토이의 조상으로 여기는 사람들도 있으므로, 이 장난감은 유물이란 표현도 들어맞는 것 같다.

1980년대 우리나라 문방구에서 볼 수 있었던 풀토이 장난감.

1800년대 후반 양철로 만들어진 풀 토이가 미국에서 첫 선을 보인다. 양철은 주석으로 도금된 강철의 매우 얇은 시트로 만들어져 내구성이 좋고 가벼운 장난감으로 완성되었다. 1880년 풀 토이의 인기는 정점에 다다른다. 남북전쟁 이후에는 주철로 만든 바퀴를 사용했는데, 금형을 사용한 이 공법은 장난감의 대량생산을 가능케 했다. 단순히 끌고 다니는 장난감부터 밀거나 당겨 나아가는 수레, 마차 형태의 장난감들은 전통적인 풀 토이의 원형이 되었다.

한편 펜실베니아에 위치한 'W.S.리드(W.S.Reed)'라는 장난감 회사는 1875년 다양한 디자인을 석판 인쇄 용지에 출력하여 풀 토이에 부착하였다. 이것은 레고 사와 피셔프라이스 사의 풀 토이 장난감으로 맥이 흐른다.

왼쪽 피셔프라이스 사의 인기 장난감 강아지 풀토이와 나무로 만든 시계 장난감.
오른쪽 나무로 제작되어 클래식한 느낌의 풀토이.

〈토이 스토리〉 3편에서 곰 인형 두목의 고문에 못 이겨 우디 일행의 탈출 경로를 누설하는 낡은 장난감 전화기가 등장한다. 허스키하고 낮은 목소리로 마치 느와르 영화의 주인공처럼 묘사된 이 캐릭터는 '챗터 텔레폰(Chatter Telephone)'이란 이름의 장난감이다. '재잘거리다' 혹은 '수다스럽다'는 수식어의 이 장난감 전화기는 1962년 피셔프라이스 사에서 출시한 제품으로 미국인들에게 50년 넘게 사랑받는 인기 장난감이다. 장난감이 움직일 때마다 바퀴에서 째깍째깍 소리가 나며 캐릭터의 눈동자가 위아래로 움직인다. 항상 웃는 얼굴을 하고 있는 이 장난감은 수화기 다이얼을 돌리면 벨소리가 나는 그 당시 로터리 전화기를 소재로 제작한 풀 토이다.

초창기 챗터 텔레폰 오리지널 버전은 나무로 만들어졌으며 1960년대를 거쳐 1970년대 소재는 점차 플라스틱으로 바뀌었다. 2000년 로터리 전화기가 아닌 버튼식 전화기로 한때 출시되었다가 옛 디자인을 추억하는 소비자들의 요구로 다시 원래의 모습을 되찾게 된다.

챗터 텔레폰 풀토이.

챗터 텔레폰의 제작사인 피셔프라이스 사는 1930년 허먼 피셔(Herman Fisher)와 어빙 프라이스(Irving Price), 어빙 프라이스의 아내 마가렛 에반스 프라이스(Margaret Evans Price), 헬렌 쉘리(Helen Schelle)가 연합해 만든 회사다. 피셔는 원래 광고와 판매업에 종사했었고 헬렌은 장난감 가게 운영, 어빙 프라이스는 잡화점 경영을, 마가렛 프라이스는 동화책 일러스트 작가 일을 했다. 이들은 모두 풀 토이 같은 감성적인 장난감 제작을 원했다. 그리고 장난감의 본질적 가치를 유지하면서 조악한 장난감의 질을 높이고자 노력했다.

1930년 그들은 풀 토이의 전통을 살려 주재료로 폰데로사 소나무와 철을 사용하고 천연색 석판 인쇄로 세부 장식을 한 나무 장난감을 제작한다. 마가렛은 자신의 동화책 캐릭터들을 장난감 디자인에 적용시켰고 대부분의 형태는 '푸시-풀 토이(Push-pull Toy)'로 만들어졌다.

1931년 뉴욕에서 열린 미국 국제 토이페어에서 16종류의 나무 장난감을 선보인 피셔프라이스 사는 큰 주목을 받는다. 첫 판매고를 기록한 제품은 '닥터 두들(Dr. Doodle)'이란 장난감으로, 이는 챗터 텔레폰의 롤 모델이 된다. 이후 피셔프라이스 사는 50년 넘게 풀 토이 중심의 장난감을 5,000개 넘게 생산하며 미국 대표 장난감 회사로 군림한다. 1993년 마텔 사에 인수되며 옛 영광은 사라졌지만 1960~1970년대 미국 문화 골든 에이지를 상징하는 아이콘으로 남아있다. 그 시절을 그리워하는 많은 컬렉터들은 풀 토이를 통해 화려한 과거시절을 위안 삼고 있다. 최근 우리나라의 장난감 수집가들도 1970, 1980년대 국내에서 생산된 풀 토이를 비롯한 당시의 장난감(고전 장난감으로 불리기도 한다)을 수집하고 있다. 유치한 듯 보이지만 그 시절의 문화를 다시금 느끼게 해주는 예스런 장난감들. 이제 고전 장난감은 시간을 관통하는 문화적 유물로 남아, 우리의 삶을 채워주고 있다.

1970~1980년대 사이 우리나라에서 제조, 판매하던 추억의 풀 토이.

PLAYING TOY

플레이도

1954년 뉴저지의 어린이집 교사가 아이들 교구를 연구하다가 착안한 이 장난감은 점토 재질(Modelling Clay)의 만드는 장난감이다. 이 아이디어는 곧바로 벽지 클리닝 회사의 사장에 의해 현실화된다. 점토 반죽에서 세제 성분을 제거한 공작용 점토 '쿠톨 레인보우 점토(Kutol Rainbow Crafts)'가 탄생한 것이다. 처음에는 미국 전역의 학교마다 교육용 재료로 공급하다가 1957년 찰흙에 고유의 색상을 첨가할 수 있는 방법을 찾아낸 후 대량생산에 들어갔다. 그리고 지금까지 약 50만 톤이 넘는 플레이도가 생산되었으며 플레이도의 제조사 하스브로 사는 매년 전 세계에 9,000만 통의 플레이도를 판매한다. 끈적거리지 않으면서 촉촉하고 만들고 나면 단단해지는 이 요술 찰흙은 20가지가 넘는 다양한 색상으로 아이들을 유혹한다. 무독성의 장난감 플레이도는 많은 아이들이 입에 넣어도 위험하지 않다.

마치 사탕이나 캐러멜이 들어있을 것만 같은 원통형 케이스의 플레이도.

기차놀이

기차놀이는 가장 클래식하면서 모던한 놀이다. 산업혁명의 상징에서 출발해 현대 사회에서도 중요한 교통수단으로 자리 잡은 기차는 장난감의 역사에서도 중요한 존재감을 갖는다. 몇 백만 원이 넘는 값비싼 컬렉터용 미니어처 기차부터 아이들이 좋아하는 꼬마기차까지 종류도 다양하다. 이제 기차놀이는 성인들이 즐기기에도 다양한 매력이 있는 장난감으로 성장했다.

꼬마기차

19세기 말, 유럽에서 시작되어 미국과 일본으로 전파된 철도 혁명은 인류의 삶을 바꾸어 놓는다. 척박한 대지에 철도가 생기면서 마을은 발전하여 도시가 되고 사람들이 모여들며 교역은 확대된다. 즉 철도는 잘살 수 있다는 믿음의 상징이자 살아있는 교훈이다. 철도를 받아들인 나라마다 기차를 의인화한 동화나 연극이 아이들의 사랑을 받게 되었고 기차 장난감은 자연스럽게 아이들의 곁으로 다가간다. 눈이 오나 비가 오나 역경을 헤치며 달려가는 꼬마기차 이야기와 기차 장난감은 20세기 장난감 역사에서 가장 충실한 훈육의 역할을 한다.

1970~1980년대 우리나라에서 만든 양철 기차 장난감.

토마스기차

영국에서 탄생한 이 기차 이야기는 동화로 유명해져 애니메이션으로 제작되었다. '토마스'라는 주인공 기차와 동료 기차들이 겪는 일상의 모험담으로 에피소드가 구성되며 어린 아이들이 보기에 불편함이 없는 이야기 형태로 진행된다. 소도어 섬의 기차 나라 이야기는 장난감으로도 큰 성공을 거둔다. 주인공 토마스 외에도 퍼시와 에드우드 등 다양한 증기기관차를 형상화한 캐릭터들이 출시되어 꼬마 수집가들을 만들어내었다. 토마스 기차는 영국의 '히트 엔터테인먼트(HIT Entertainment)' 사에서 캐릭터 소유권을 가지고 있고, 일본의 타카라 토미 사에서 프라레일시스템 기반으로 토마스 기차를 제조, 판매하는 제품이 제일 유명하다. 나무와 스틸, 플라스틱 등 다양한 버전으로 만들어진 장난감들은 영국과 일본 등 많은 제조사를 거치며 20년 넘게 아이들의 사랑을 독차지했고 바비 인형의 핑크색처럼 토마스의 블루는 남자 아이들의 상징색이 된다.

토마스 기차 풀토이. 토마스 기차는 주인공들의 미니카 시리즈와 아이들 학용품, 침구류 등 다양한 상품들이 출시되었다.

활과 칼 장난감

로빈 후드와 빌헬름 텔 이야기

　우리나라에서 좋은 흥행성적을 기록한 〈최종병기 활〉이라는 영화가 있었다. 영화 속 화려한 CG가 선사하는 액션 장면의 입소문에 남녀노소가 극장을 찾았고 이 영화는 개봉 당시 큰 이슈로 떠올랐다. 하지만 우리는 유명한 궁수들의 이야기를 어린 시절부터 듣고 자랐다. 바로 '로빈 후드'와 '빌헬름 텔' 이야기이다. 《로빈 후드 이야기》는 12세기 후반 영국의 노팅엄을 배경으로 펼쳐진다. 십자군 원정으로 전 유럽이 혼란스럽던 시기, 왕권이 약화된 틈을 타 봉건 귀족과 영주의 횡포가 심해진다. 마을 주민들은 권력의 횡포에 고통을 받았고 보다 못한 로빈후드는 스스로 산으로 들어가 의적이 되기로 결심, 권력과 정면 대결을 선언한다.

　이런 그의 상징적인 물건이 활이었다. 역동적으로 활시위를 당겨 적과 싸우는 로빈 후드의 정의로운 모습을 머릿속에 그리며 아이들은 활 장난감을 가지고 놀았다. '활' 하면 빼놓을 수 없는 또 하나의 인물이 빌헬름 텔이다. 로빈 후드와 비슷한 시기의 명사수로 유명한 빌헬름 텔의 이야기는 실화로 알려져 있다. 마을의 영주가 자신에게 복종하지 않는 빌헬름 텔에게 가혹한 형벌을 내린다. 아들의 머리 위에 올려놓은 사과를 화살로 맞추라는 것이다. 긴장감도 잠시 거침없이 활을 당겨 사과를 두 동강 내고 아들을 구해낸 이 이야기는 이웃에 퍼져나간다. 불의에 맞서 싸우는 활의 상징성은 아이들에겐 '정의라는 이름의 도구'가 되어 오랜 세월을 함께했다.

중세 기사를 재현한 액션 피규어.

칼의 전설, 아더왕과 엑스칼리버

원탁의 기사로 우리에게 유명한 아더왕의 상징은 '엑스칼리버'다. 많은 소설과 영화 속의 영웅 캐릭터에 오마주가 된 아더왕과 그의 분신 엑스칼리버 이야기는 '칼'이라는 무기의 모든 의미를 함축한다. 예로부터 칼은 여타 다른 무기와 달리 운명의 주인이 있다는 신화가 있다. 일본의 사무라이 검부터 〈스타워즈〉의 광선검까지 이런 메타포가 숨겨져 있다. 무언가 명예로움을 상징하는 것 같은 칼의 이미지는 남자아이들의 영원한 소유욕을 불러일으켰다. 미래의 왕을 꿈꾸는 꼬마 왕자들의 명예를 건 칼싸움은 아직도 골목길을 누비고 있다.

유럽에서 만든 나무와 플라스틱으로 만들어진 석궁 장난감.

1980년대 우리나라에서 만든 플라스틱 활 장난감.

활과 마찬가지로 1980년대 우리나라에서 만든 플라스틱 장난감 칼.

동물 장난감

오리 장난감

1884년 한스 크리스티앙 안데르센(Hans Christian Andersen)이 쓴 단편 동화《미운 오리새끼》는 당시 유럽에서 베스트셀러가 되고 미운 오리의 성장이 주는 교훈은 아이뿐만 아니라 어른들에게도 감동이 되었다. 외모가 아닌 사람의 내면을 봐야 한다는 안데르센의 은밀한 속삭임은 오리를 사랑스러운 캐릭터로 만들어 주었고 1910년대 나무 오리인형 풀 토이를 탄생시켰다. 이후 플라스틱 시대에 등장한 물에 뜨는 아기 오리는 어린 아이들의 목욕 친구가 된다.

사슴 장난감

헝가리 출신의 소설가 지그문트 잘츠만(Sigmund Salzmann)은 1923년《숲속에서의 나날-밤비》라는 제목의 소설을 발표한다. 제1차 세계대전의 잔인했던 살상을 사냥꾼에 빗대어 어린 사슴의 이야기를 풀어낸 그의 소설은 1942년 디즈니가 만화 영화로 만들어 더 유명해졌다. 전 세계 아이들에게 사랑스러움으로 보살펴야 할 사슴으로 자리한 밤비. 푹신한 솜털 인형은 아이들 곁에서 잠자리를 함께하는 어여쁜 장난감의 자리를 차지하게 된다.

네덜란드의 설치 예술가 덕분에 유명세를 누렸던 러버덕.

돼지 장난감

돼지는 귀엽다고 하기에는 약간 부담스런 동물이다. 진흙탕에서 뒹굴며 먹는 것을 밝히는 돼지 캐릭터는 아이들에게 교훈을 주기에도, 그렇다고 예쁜 외모로 권하기에도 부족한 동물임에는 틀림없다. 하지만 볼품없는 이 동물이 어린이 장난감으로 함께할 수 있었던 것은 살찐 이미지와 저축을 한 데 묶은 기획 전략의 승리가 아닌가 싶다. 어린 시절 누구나 갖고 있던 돼지 저금통. 돈을 넣는다는 기능에 치중한 나머지 그것이 장난감이라는 사실을 잊고 살았지만 〈토이 스토리〉의 돼지 인형을 기억한다면 충분히 돼지 저금통도 장난감의 일원임을 알게 될 것이다.

왼쪽부터 여자아이들의 보호본능을 자극하는 사슴 장난감, 영원한 저축왕 돼지 장난감.

AUTOMOBILE TOY

PART 09

자동차 장난감

1970년대 플라스틱 장난감 트럭.

AUTOMOBILE
TOY

남자들의 영원한 관심사

장난감 자동차는 별다른 기능 없이 바퀴와 몸체로 이루어진 단순한 구조에서 출발하였다. 점차 구조가 복잡해짐에 따라 실제 자동차를 묘사하거나 레이싱 카, 경찰차, 소방차를 소재로 한 제품들이 주로 생산되었다. 공상과학 영화에 나오는 자동차처럼 재미있게 디자인 된 제품들도 있다. 재질은 양철과 나무, 플라스틱 등 다양하며 1960년대 이전에는 나무와 양철이, 이후에는 플라스틱 제품들이 주로 생산되었다. 양철 자동차는 1940년대 말 유행이 시작되어 20년 가까이 인기를 누렸던 제품이다. 플라스틱의 등장 이후 예전과 같은 사랑은 받지 못하지만 양철 장난감 전문 수집가들에 의해 꾸준히 수집, 보존되고 있다. 일본과 체코를 중심으로 수집 목적의 양철 자동차들은 지금도 생산되고 있다. 양철 자동차와 달리 나무 장난감은 천연 재료를 사용하기 때문에 6세 이하의 어린 아이들이 가지고 노는 장난감으로 꾸준히 생산되었다. 프랑스와 독일 등 유럽 국가를 중심으로 제작되었으며 이들 나라의 나무 장난감 회사들은 거의 100년 가까운 역사를 자랑한다. 2000년대 들어 친환경 상품이 주목을 받으면서 플라스틱 장난감에 밀렸던 나무 장난감 자동차들은 다시금 부흥기를 맞이하고 있다.

내구성이 강한 플라스틱 자동차는 다양한 색상을 구현하기에 적합했다. 또한 금형을 통해 만들어지는 대량의 제품들은 규격화가 용이했고 기계 장치를 삽입하기가 수월했다. 1970~1980년대 남자아이들에게 가장 사랑받는 아이템은 무선 조종 자동차였다. 제자리를 맴도는 사운드 머신 자동차에 비해 무선 조종 자동차들은 탐험의 즐거움을 선사했다. 이외에도 다이캐스팅 공법으로 제조되는 모델카와 미니카가 있는데 이들은 최근 성인 수집가들의 전폭적인 사랑을 받는 제품들이다.

위 1970년대 생산된 양철 자동차. 당시 우리나라에서 제작되어 수출하던 제품들이다.
아래 1980년대 국내에서 생산된 플라스틱 장난감 자동차. 1980년대에 우리나라는 주요 장난감 생산국이었고 이 시기의 플라스틱 장난감들 또한 많은 수출을 한다.

클락워크 시스템

　클락워크 시스템은 와인드 업 자동차, 풀 백 모터 자동차, 자동 사운드 머신 자동차의 근간이 되는 메커니즘이다. 이 기술은 태엽 장치를 중심으로 만들어진 시계와 같은 기계, 또는 그와 비슷한 장치 안에서 작동하는 도구다. 초기 태엽장치 모델은 그리스에서 발견된 '안티키테라 메커니즘(Antikythera Mechanism)'인데 이는 별의 위치를 계산하는 '아스트롤라베(Astrolabe)'라는 장치였다. 근대의 클락워크는 태엽의 힘을 메인스프링이라든지 기어의 회전을 고르게 해주는 장치와 같은 곳 안에 저장시킨다. 이는 스피드나 추진력을 올려주기 위해 유용하며 마찰이나 톱니로 연결된 바퀴에도 흔히 쓰인다. 일반적으로 시계에 가장 많이 사용되며 타이머로 쓰일 경우 폭발물이나 알람 장치, 그 외에도 다양한 도구들 안에 사용된다. 태엽을 감는 장난감에서는 간단한 기계 모터 또는 자동장치를 위해 쓰인다. 이렇게 만들어진 방식이 열쇠를 돌리듯 감는 모터(와인드 업 자동차 방식), 그리고 바닥에 붙인 채 뒤로 끌어당기는 모터(풀 백 모터 자동차 방식)와 같은 것들이다.

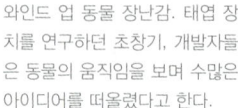

와인드 업 동물 장난감. 태엽 장치를 연구하던 초창기, 개발자들은 동물의 움직임을 보며 수많은 아이디어를 떠올렸다고 한다.

미니 와인드 업 자동차.

와인드 업 자동차

유럽의 장난감 제작자들은 1880년대 후반 처음으로 양철 재질로 된 태엽 장난감을 만들었다. 그렇게 70년 가까운 세월이 흐른 후 많은 제작자들은 더욱 복잡하고 발전된 장난감을 만들어냈다. 20세기가 되어 자동차가 발명되면서 태엽 장난감 자동차가 등장하게 된 것이다. 태엽 자동차는 철로 된 리본 모양의 태엽 감개를 돌려 메인스프링의 동력을 에너지로 활용하는 자동차다. 태엽을 손으로 감아서 생긴 힘이 스프링에 전달되고 톱니는 스프링을 단단하게 비틀어준다. 이렇게 하면 메인스프링의 비틀린 힘이 완전히 소모될 때까지 태엽의 기어를 돌려준다. 이런 방식의 장치는 주방에서 쓰는 타이머, 음악을 듣는 주크박스, 그리고 장난감에 이르기까지 널리 쓰이게 된다. 아무튼 1940년대부터 30년 동안 각종 장난감 자동차와 탱크, 비행기 등 와인드 업 장난감이 인기리에 출시되었다. 이런 추세는 1960년대 말, 작고 저렴한 알카라인 건전지가 세상에 나타나면서 주춤하게 된다. 알카라인 건전지는 태엽을 감지 않아도 모터를 돌아가게 만들 수 있었고 소비자들은 간편한 방식의 건전지 자동차를 선택했다. 이후 20여 년 동안 태엽을 감는 장난감은 인기를 잃게 된다. 플라스틱으로 만든 태엽 감는 장난감은 1977년 일본의 토미 사에서 걷는 로봇을 만들면서 다시 인기를 얻는다. 작고 정교한 플라스틱 부품과 기어를 만들어내는 토미 사의 능력은 기어박스의 크기를 획기적으로 줄였다. 이 기술력을 바탕으로 장난감 제조사들은 작고 정교한 플라스틱 미니카를 출시하여 큰 인기를 얻는다. 현재 미니 태엽 자동차들은 부담 없는 아이들의 장난감으로 간간이 출시되고 있다.

위 와인드 업 헬리콥터 장난감. 태엽을 감으면 프로펠러가 돌아가며 움직이는 제품이다.
아래 헬리콥터 장난감과 같은 매커니즘으로 만들어진 유아용 놀이차.

애니메이션 〈더 카〉 풀 백 모터 자동차.

풀 백 모터 자동차

'풀 백 모터 자동차(Pullback Motor Car)'는 마찰을 이용한 간단한 장난감이다. 차를 뒤로 끌면 장난감 안의 스프링이 감기는 방식이다. 끌어당긴 차를 놓으면 스프링에 저장된 운동에너지에 의해 차가 앞으로 전진한다. 태엽을 이용해서 움직이는 장난감 차와 달리 이렇게 움직이는 대부분의 장난감 차는 직선으로 굴러간다. 모터가 오로지 감는 방식으로 작동하며 플라이휠 모터(flywheel motor, 기계나 엔진의 회전에 안정감을 주기 위한 무거운 바퀴)와 달리 완전하게 감겨서 작동시키는 법은 오직 한쪽 방향으로만 가능하다. 몇몇 모터는 내부에 원 웨이 클러치(one-way clutch)가 있는데 이는 태엽을 앞으로 또는 뒤로 감기는 것도 가능하게 한다. 레이싱을 위해 만들어진 풀백 모터는 스프링의 힘을 유지하기 위해 캐치 앤 릴리즈(catch and release)라는 기술을 사용해왔다. 이는 두 개의 태엽을 따로 감기게 하는 것이다. 그리고 동시에 스프링이 풀리면서 출발한다. 독일의 장난감 레이싱 자동차회사 다다(Darda) 사는 그들의 스톱 앤 고 모터(stop and go motor) 레이싱 장난감 자동차 세트에서 이와 같은 방식을 사용했다. 말 그대로 장난감 자동차들이 멈추어 섰다가 출발한다는 뜻이다. 이는 사전에 감았던 태엽이 장난감 차가 움직이면서 자동으로 풀리는 방식으로 이루어졌다. 이로 인해 여러 대의 장난감 차가 릴레이를 하는 일이 가능해지게 된다.

국산 풀 백 모터 미니카.

자동 사운드 머신 자동차

건전지를 넣으면 요란한 사이렌 소리와 함께 움직이는 장난감이다(Auto-Mobile Sound Machine Car). 오토모빌 장난감들은 대부분 경찰차나 앰뷸런스의 디자인으로 출시되었다. 자동 작동 경찰차는 4개의 바퀴 외에 자동차의 바닥면에 바퀴가 달려 제자리 선회도 가능하도록 설계가 되어 있다. 1970년대의 제품들은 방향을 조정할 수 없어 장애물을 피하지 못하고 부딪치면 움직이지 못하였다. 아이들은 일일이 자동차를 따라다니며 방향을 바꿔주곤 했다. 1990년대 이후 물체 감지 센서가 개발되어 장난감에 장착된 이후 장난감 자동차는 장애물을 손쉽게 피하게 된다.

사운드 머신 장난감 경찰차.

무선 조종 자동차

무선 조종 자동차(Radio-Controlled Model Car)는 말 그대로 무선으로 조종 가능한 장난감 자동차를 말한다. 자동차 말고도 보트, 비행기, 헬리콥터에 이르기까지 모든 종류의 탈것이 무선 조종이 가능한 제품으로 출시되고 있다.

1898년, 니콜라 테살라(Nikola Tesla)가 처음으로 무선 조종이 가능한 보트를 선보였다. 그 후 제2차 세계대전은 무선 조종 기술을 비약적으로 발전시켰다. 독일은 연합군의 군함을 타격하기 위해 무선 조종 기술을 처음 이용했으며 미국을 비롯한 연합국의 연구도 이에 뒤지지 않았다. 한편 1930년대 빌과 월트(Bill and Walt) 형제는 그들의 무선 조종 취미를 발전시켜 진공 튜브 기술(vacuum tube)을 만들어냈다. 그들이 만든 구프(Guff)라는 무선 조종 비행기는 현재 국립 우주박물관에 전시되어 있다. 에드 로렌자(Ed Lorenze)는 〈에어플레인 뉴스(Model Airplane News, 무선 조종을 취미로 하는 사람들이 만든 잡지)〉라는 매거진에 자신이 만든 비행기를 발표하기도 했다. 그 후 1940년대 후반에서 1950년대 중반까지 많은 무선 조종 장난감들이 발표됐고 이들 가운데 몇몇은 상업적으로 성공했다.

처음 장난감 자동차에 무선 조종 기술이 사용된 건 1950년대 후반으로 하나의 채널이 내장된 방식이었다. 이후 '온-오프(on-off)' 시스템이 개발되어 자동차의 조종에 큰 도움을 주게 된다. 애초에 간단한 온-오프 시스템은 복잡한 시스템을 효과적으로 통제하기 위해 개발됐으나 장난감 자동차에 제일 적합한 형태로 자리 잡는다. 1960년대 트랜지스터 기술(transistor base)을 이용한 장비가 도입되면서 무선 조종 자동차의 시스템도 빠르게 발전할 수 있었다. 1970년대엔 통합 회로가 전자 장비를 충분히 널리 활용할 수 있을 만큼 작고 가볍게, 그리고 저렴하게 만들어졌다. 그래서 직진과 후진만 하던 장난감들은 점차 우회전과 좌회전 등이 가능하도록 개발되었다. 이후 무선조종 장난감들은 'RC카'로 불리는 전문영역이 되어 성인 마니아들에게 널리 사랑받게 된다. 개발자들의 독창적인 활동도 지속되어 가스 터빈과 같은 기술은 비행기라든지 헬리콥터, 잠수함까지 만들어내기에 이른다.

왼쪽 1970년대 초반의 유선 조종 자동차와 후반의 무선 조종 자동차.
오른쪽 1980년대 인기 외화 시리즈 A특공대 무선 조종 자동차. 이 시기에도 무선 조종 장난감의 인기는 대단했다.

다이캐스트 자동차

다이캐스트 자동차 혹은 다이캐스트 모형 자동차(Die-cast Model Car)는 실제 자동차를 작게 만든 장난감으로 승용차 외에 트럭이나 버스 등을 주제로 한다. 이 자동차 모형은 처음에는 아이들이 가지고 노는 목적으로 생산되었다. 하지만 1980년대에 이르면서 성인들의 수집품으로 자리를 잡는다. 이미 1970년대 성인들 사이에서 조용히 시작된 장난감 수집의 취미는 1990년대 들어 유행을 탄다. 자동차 애호가들 중 일부는 자신들이 실제 소유하고 싶은 자동차의 다이캐스트 모델을 소유함으로써 대리만족을 느끼기도 한다.

영화 〈배트맨 리턴즈〉의 배트모빌 다이캐스트 자동차.

철을 단순 주조하여 만드는 초창기 방식으로 제작한 자동차.

다이캐스트 모델 카 혹은 미니어처 모델 카(Miniature Models Car)로도 불리는 작은 자동차 장난감은 1900년대 초반 등장했다. '다이캐스트(정밀한 주조 틀에 쇳물을 부어 압력으로 금형하는 방식)'는 제조방식의 일종이다. 현재 다이캐스트 장난감은 금속 외에도 플라스틱, 고무, 유리 혹은 아크릴을 이용해 만든다. 초기에 사용된 금속은 납으로 된 합금이나 구리 혼합물, 또는 알루미늄이 혼합된 아연이었다. 이러한 합금들은 용어에 있어 납 합금과 혼동되기 때문에 구리 합금 또는 백 합금으로 불리기도 했다. 위의 재료들이 안전상 문제가 되긴 했지만 이 방식으로 만든 자동차, 비행기, 기차와 같은 다이캐스트 장난감은 1920년대와 1930년대에 흔히 볼 수 있는 장난감이었다.

다이캐스트 장난감은 20세기 초 영국의 딩키 토이즈(Dinky Toys) 사의 메카노 시리즈가, 그리고 미국의 투씨 토이즈(Tootsie Toys) 사의 모형차가 유명했다. 초기의 모델 카들은 내부 인테리어는 전혀 없는 간단하고 기본적인 모양의 자동차였다. 이때는 주로 강철 덩어리로 만들었다. 그리고 1930년대와 1940년대에는 압축된 강철로 만든 자동차가 그 뒤를 이었다. 자동차 문이 열리기도 하고 핸들과 기어 같은 내부의 묘사도 더 정밀해졌다. 이처럼 초창기 다이캐스트 자동차 장난감은 다양한 부품과 고무 타이어로 만들어졌지만 유리 창문이 없는 등 세부 디테일은 보잘 것 없었다. 그리고 장난감 제조에 쓰인 이런 합금은 이유 없이 균열이 생기고 깨지기도 했다.

1950년대 경찰차를 재현한 다이캐스트 자동차.

　제2차 세계대전 이후에는 단점을 보완한 강력한 재질의 다이캐스트 자동차들이 등장한다. 1947년 '레즈니(Lesney)' 사는 보다 진화된 형태의 다이캐스트 장난감을 만든 대표적 회사다. 그들은 75개가 넘는 다양한 모델을 만들었다. 이들 모두가 성냥갑을 닮았다 해서 그 이름이 '매치박스 1-75(Matchbox 1-75)' 시리즈였다. 1-75란 숫자는 장난감 자동차의 가짓수를 의미한다. 이 시리즈는 단 시간에 상당한 유명세를 얻는다. 이 다이캐스팅 자동차 장난감이 크게 성공하면서 '매치박스'라는 명칭은 제조사의 간판까지 바꾸어버렸다. 뿐만 아니라 제조사에 관계없이 한동안 다이캐스트 장난감 차를 통칭하는 범용어가 되었다.

왼쪽 코기 사의 본드카 다이캐스트 자동차 장난감.
오른쪽 수집가를 위한 한정판 배트모빌 다이캐스트 자동차.

　　1950년대 다이캐스트 장난감 제조사들은 플라스틱 장난감에 대항하기 위해 섬세한 디자인을 추구하기 시작한다. 실제 자동차 회사와 협력하여 디자인을 발전시키고 생산 공정의 분업화를 통해 품질의 발전을 이룬다. 그러나 무엇보다도 다이캐스트 장난감의 발전을 가져온 요인은 많은 제조사들의 경쟁이다. 영국의 코기(Corgi) 사를 비롯한 많은 회사들이 다이캐스트 사업에 뛰어든다. 또한 미국에서는 1968년 마텔 사가 '핫 휠(Hot Wheels) 장난감 시리즈'를 선보인다. 이는 "여자 아이들을 위한 바비 인형은 있는데 남자 아이들을 위한 장난감은 없다"는 고객들의 요구에 부응하기 위해서였다. 마텔 사는 빠르게 고객이 원하는 상품을 내놓으면서 다이캐스트 장난감 시장을 잠식한다. 세계 최고의 장난감 유통망을 가지고 있던 마텔 사는 마침내 매치박스 1-75의 아성까지 위협한다.
　　위기에 몰린 매치박스는 이전에 생산했던 모델들을 새롭게 출시하면서 유행을 이끌어갔다. 이 시리즈는 복고적 향수에 이끌린 많은 사람들을 수집가로 만들었다. 그들은 또 특정 백화점만을 위한 상품도 만들었다. 이들 가운데 어떤 자동차 모델은 특정 나라의 일정한 지역에서만 독점적으로 판매되었고 그런 모델들은 타 지역들에서 훨씬 비싼 가격에 판매되기도 했다. 이것이 매치박스 사가 시작한 한정판 컬렉션 마케팅의 시작이라고 보아도 무방하다. 1980년대 중반에 코기 사는 50가지가 넘는 1920년대 소니크로프트 밴(Thornycroft Van)을 만들면서 이런 방식을 차용한다. 이후 성인들을 겨냥해 정교하게 제작된 장난감 자동차들은 1980년대 중반을 지나며 장난감 시장에서 아주 중요한 부분을 차지하게 된다.

영국 중심의 다이캐스트 컬렉션 산업은 1990년대 말 다시 독일을 중심으로 부활한다. 1998년에 설립된 오토아트(Auto Art) 사는 다이캐스트 모델 카와 레이싱 카, 다이캐스트 모터사이클을 만들었다. 또 한편으로 비행기를 만드는 에어로 아트라는 부서를 따로 운영하기도 했다. 오토아트는 9가지 크기의 각기 다른 45종의 자동차를 만들었다. 크기는 1:64에서 1:12에 이르기까지 다양했다. 이들은 바퀴와 타이어, 핸들, 엔진, 트렁크를 포함 모든 부분을 전문 기술자들이 직접 생산했다. 한 예로 1971년 식 1:18 크기의 머스탱은 차의 문과 엔진, 후드, 브레이크와 액셀까지 섬세하게 묘사됐다. 1941년식 윌리스 군용 지프나 NYPD 경찰차 등 남자들이 좋아하는 소재의 자동차들도 실제 차량과 흡사하게 디자인해 만들어졌다. 오토아트 사 외에도 독일의 미니챔프(Minichamps) 사, 일본의 교쇼(KYOSHO)와 썬스타(SUNSTAR) 사 등 2000년대 들어 수준급 모델 카를 제작하는 회사들이 여럿 등장하였다.

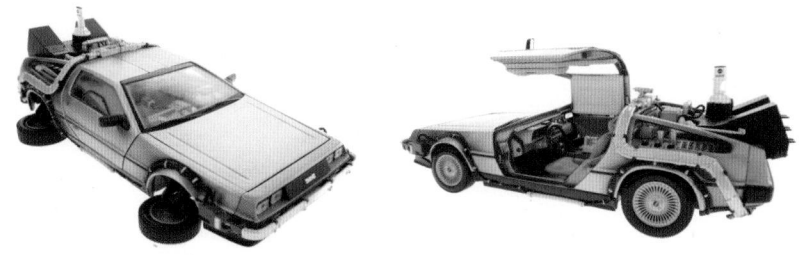

〈백 투 더 퓨처〉에 등장하는 드로리안 다이캐스트 모델.

T O Y
G U N

PART 10

장난감 총

232 10 장난감 총

1970년대부터 1990년대까지 우리나라 문방구에서는
셀 수 없을 만큼 다양한 장난감 총을 판매하였다.

T O Y
G U N

문방구의 필수 품목 화약총

'탕탕탕' 골목 어귀에서 총소리가 들린다. 지나가던 어른들은 아이들을 나무라지만 아이들은 연신 총을 쏘며 도망 다닌다. '탕탕' 소리와 함께 매캐한 화약 연기가 골목길 가득하다. 물총이 시늉만 내는 유아적 놀이라면 화약총은 좀 더 리얼리티에 가까운 도전이라고 할까. 영화 속 총을 재현하고 싶은 동심은 장난감 화약총의 가치라고 할 수 있겠다. 우리나라에서 대중들에게 총을 부각시킨 영화 중 대표작은 마카로니웨스턴(Macaroni Western)의 원조 격인 〈석양의 무법자(The Good, The Bad and The Ugly)〉일 것이다. 시거를 물고 무표정하게 얼굴을 찡그리며 총을 뽑는 주인공 클린트 이스트우드(Clint Eastwood)의 모습을 보며 아이들은 뜻 모를 경외심에 빠졌다. 꼬마들은 과묵하며 차갑고 위기의 순간 결단력 있게 총을 뽑아드는 주인공의 모습을 조금이 흉내 내고 싶어 했다. 그리고 이 욕구는 바로 문방구에서 충족되었다.

문방구에 사계절 구비되어 있는 많은 종류의 화약총들은 별도 구매 제품인 화약 캡슐과 함께 연일 판매고를 올린다. 화약총의 원리는 리볼버 권총과 유사하다. 실제 총이 6발 장전되는 리볼빙 시스템(방아쇠를 당길 때마다 원형의 실린더가 시계 방향으로 회전하며 격발)인 것과 마찬가지로 화약총도 그러했다. 단지 다른 점이 있다면 장난감 화약총은 9연발 이상이다. 리볼버 화약총에 끼우는 화약 캡슐은 롤캡(Roll Caps)이라 하는데 캡 안쪽에 화약이 입혀져 있고 노리쇠의 타격으로 화약이 폭발한다.

카우보이 12인치 액션 피규어.

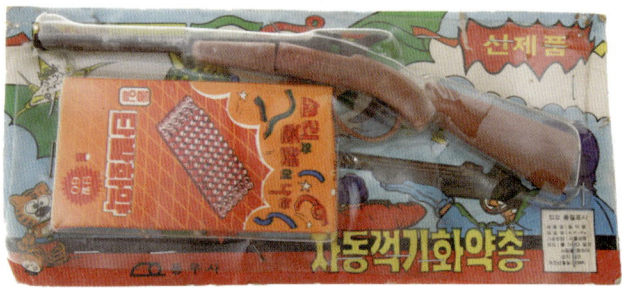

20여년 전 문방구에서 만날 수 있었던 수많은 화약총들.
때론 '딱총'이라고 불리우며 많은 어린이들의 사랑을 받았다.

우리나라에서는 1970년대 초반 장난감 화약총 붐이 일어 1990년대까지 이어진다. 시대에 따라 장난감 화약총의 겉표지 디자인은 다양했다. 카우보이, 무법자와 보안관은 화약총의 단골 메뉴였고 그 시기의 인기 영화 캐릭터가 화약총 포장지를 점령했다. 1970년대에는 외화시리즈 '기동순찰대'와 '스타스키와 허치', '전투' 같은 화약총이 인기였고 1980~1990년대에는 '람보'와 '코만도', '로보캅', '배트맨'이 차례로 등장했다.

장난감 화약총의 형태는 앞서 말한 리볼버 방식 외에도 탄창 방식, 단발 꺾기총, 긴 화약줄을 총에 삽입하는 다연발 화약총 등 매우 다양했다. 재질은 플라스틱 화약총이 대부분이었지만 다이캐스팅 합금으로 된 1:1 비율의 화약총과 기관총을 1:6 비율로 축소한 합금 총도 한때 유행하였다. 2000년대 들어 국내 장난감 제조사가 하나둘 문을 닫으면서 문방구에서 화약총을 찾기 힘들어졌다. 그나마 중국산 화약총이 국산 장난감의 자리를 대신하고 있다.

1980년대 후반에서 1990년대 초반 거의 마지막 세대를 장식한 국산 화약총들. 당시 유행하던 지아이 유격대 장난감과 영화 〈배트맨〉을 도용해 만든 제품이다.

T O Y
G U N

화약총

    남자아이들에게 장난감 총은 유년기의 동반자이다. 1970~1980년대 문방구 키드와 2000년대 대형마트 키드들까지. 아이들은 TV나 영화, 애니메이션 속에 등장한 다양한 총에 매혹되었다. 중세 시대의 아이들이 아더왕의 전설이나 십자군 전쟁을 이야기 삼아 나무로 만든 칼을 휘두르며 놀았다면 현대의 도시 아이들은 영화 속 주인공의 모습을 흉내 내기 위해 장난감 총을 가지고 논다. 수많은 종류의 장난감 총 중에서 실총 격발의 흥분을 고스란히 전해 주는 화약총(Cap Gun)은 인기가 많아 제품 종류도 다양하다.

    장난감 화약총의 발명은 19세기 말 군수 공장의 경제적 필요성에서 출발한다. 1865년 남북전쟁이 끝나고 많은 무기 공장들은 공급과잉으로 문을 닫는다. 또한 미합중국 중앙 정부의 힘이 커지면서 무분별한 무기 판매가 제한을 받는다. 그러자 그중 몇몇의 총포 제조사는 이 파괴적인 살상 무기들을 장난감으로 바꾸기 위해 노력한다. 그 결과 장난감 화약총이란 결과물이 탄생한다. 총구는 메워버리고 해롭지 않은 극소량의 화약 캡을 사용하여 폭발음만 들리고 총알은 발사되지 않는 장난감을 만든 것이다. 이 장난감 총은 출시와 동시에 아이들의 마음을 사로잡았다.

    20세기 들어 저렴해진 화약총은 누구나 손쉽게 살 수 있었고 이에 따라 화약총 전쟁(Cap Battle)은 동네 곳곳에서 일어났다. 하지만 미 정부는 경제공황, 마피아 및 범죄와의 전쟁시기와 제2차 세계대전을 겪으면서 치안과 안보라는 명분으로 실총과 유사한 화약총을 규제한다. 그러나 종전 후 미디어의 발달은 움츠러들었던 화약총의 생산을 촉진하게 된다. 극장 스크린과 TV 속의 총을 든 영웅들은 아이들의 삶에 영웅 모사 놀이를 고착시켰다. 서부의 보안관 총, 형사 반장의 권총, 첩보원의 비밀무기 등 콘셉트를 달리한 화약총 제품들은 쉴 새 없이 쏟아졌고 아이들의 화약총 놀이는 동네마다 끊이지 않았다.

1950년대 초반 미국 니콜라스(Nichols Industrys) 사가 개발한 '스탤론 45(Stallion45)'는 화약총의 수준을 한 단계 높인 모델이다. 실총의 리볼빙 실린더가 총알을 장전 시켜주는 도구인 것에 착안하여 장난감 총 실린더에 원형 탄창(circular disc)을 끼워 격발하는 형태로 작동했다. 그 당시는 철재와 나무 등을 사용하여 만든 리얼한 고급형의 총이었으나 1960년대부터 이 방식의 화약총들은 미국 전역에서 플라스틱으로 대량생산된다. 곧 이 생산 방식은 일본을 거쳐 우리나라에서도 유행하게 된다.

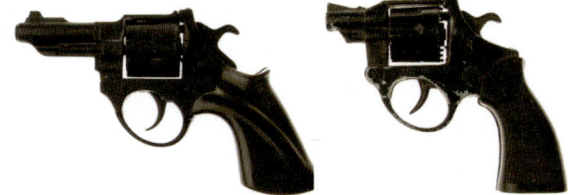

원형 탄창 방식의 화약총. 1970년대 TV와 극장가의 형사를 소재로 한 드라마와 영화의 인기에 편승하여 영화에 등장한 총과 유사한 장난감 화약총이 인기를 끌었다.

1970년대 국산 장난감 화약총. 소음기를 장착했다. 당시 첩보 영화가 유행했던 시대상을 보여준다.

화약총의 진화, 모델건

　모의 총(Dummy Gun) 혹은 영화 소품을 재현한 모형 총(Prop Weapon)들이 있다. 이 총들은 장난감이라 분류하기에 좀 모호하지만 실제 총기류는 아니다. 따라서 보는 시각에 따라 장난감 총으로 볼 수도 있다. 그래서 미국에서는 '장난감 화기(Toy Firearms)'로 부르기도 한다. 이 모의 총은 탄환은 발사되지 않고 격발 시 총구에서 폭발음을 내며 탄피를 배출한다. 최근 이런 총 들을 모델건(Model Gun)이라고 부르며 현재 일본을 중심으로 생산, 판매되고 있다. 모델건 혹은 모의, 모형 총은 최초 군사 훈련 목적으로 제작되었다. 미국 패리스(Parris Manufacturing Company) 사는 미 육군의 모의 전투용 소총의 복제품(replicas)을 생산하였다. 이 총들은 군사 훈련 외에도 의장대 사열이나 군대 내의 행사 등에 폭넓게 사용되었다. 이후 수집가들이 하나둘 모의 총을 모으기 시작했다. 하지만 미국 사회는 총기 소유가 가능하였기에 모의 총기류가 인기 상품으로 성장하진 못했다. 더구나 미국 사회에서 장난감 총을 오인한 총기 사고가 많았기 때문에 모델건의 성장 가능성은 희박했다.

　반면 제2차 세계대전 종전 후 일본은 사냥 목적의 엽총을 제외하고 모든 총기류의 개인 소유를 금지했다. 이후 실총을 소유하고자하는 사람들의 욕구는 모델건의 개발로 이어진다. 1950년대 미국에서 수입되던 장난감 화약총을 바탕으로 리얼한 장난감 총을 만들고자하는 노력은 수많은 시행착오를 거쳐 1962년 첫 모델 출시로 이어진다. 엠지씨(MGC) 사의 발터 VP-2(Walther VP-2)와 허드슨(Hudson) 사의 마우저 M1896(Mauser M1896)는 아연 합금으로 만든 제품으로, 컬렉터들 사이에서 수백만 원에 거래되고 있다.

타니오 고바야시(Tanio Kobayashi)는 일본 모델건과 에어소프트건(Airsoft Gun)의 아버지로불린다. 그는 모델건의 다양한 형태와 재질, 제작 방식을 구체화했다. 그의 노력 뒤에 모델건은 재질에 따라 크게 두 가지로 나뉘게 된다. 풀메탈 재질과 헤비웨이트 플라스틱(총에 무게감을 주기위한 재료)이 그것이다. 헤비웨이트 플라스틱 모델건의 경우 ABS 레진과 약간의 철, 아연을 함유하여 총 표면의 메탈 질감을 살렸다.

일본에서 모델건은 전시용(dummy version)과 격발용(cap-firing version)이 판매되고 있다. 격발용 모델건 중 오토매틱 권총의 사용법은 다음과 같다. 속이 빈 총알(blank cartridge)에 아인산을 함유한 화약 캡을 넣은 다음 탄약들을 탄창에 넣는다. 탄창을 총에 장전 한 후 총의 슬라이드를 뒤로 당겨서 약실에 탄약이 장전되도록 한다. 방아쇠를 당겨 격발하면 발사음과 함께 총의 슬라이드는 뒤로 젖혀지고 탄피가 배출된다. 이런 방식은 실총의 메커니즘을 장

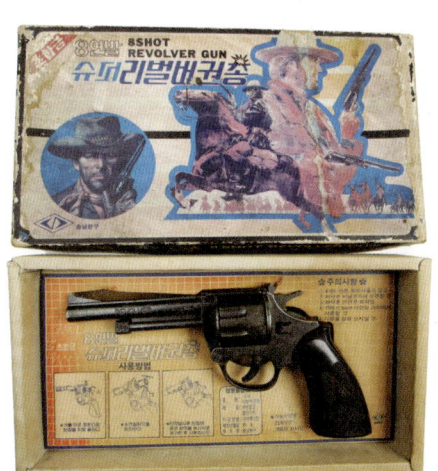

총기관련법이 엄격한 우리나라에서, 그나마 다이캐스팅으로 만들어진 화약총이 리얼한 화약총을 갖고 싶어 하는 수요를 달랬다.

난감 권총에 응용하여 사실적 재현을 노린 것이다.

   그러나 모델건이 리얼리티를 추구할수록 법률적 제약도 뒤따랐다. 일본 정부는 1971년, 1977년 두 차례에 걸쳐 모델건의 규제를 강화하였다. 그 요지는 실제 총과 구별되는 색상의 사용과 모델건을 나타낼 수 있는 표식을 해야 하는 것이었다. 특히 일반인이 총을 개조하는 것을 방지하기 위해 총의 바렐과 몸체가 분리될 수 없도록 하였다. 2012년 현재 일본 정부의 규격에 맞춘 권총과 기관총, 라이플 등 다양한 종류의 모델건이 인기리에 판매되고 있다. 반면 총기관련법이 매우 엄격한 우리나라에선 모델건은 수입 허가 및 판매 금지 상품이다. 혹 구하고 싶다 하더라도 일본에서 발행되는 모델건 잡지를 보며 아쉬움을 달래야 할 것 같다.

여름날의 친구, 물총

1970~1980년대 학교 앞 문방구에서 남자 아이들에게 불티나게 팔렸던 이름 모를 장난감 총들, 그중에 여름 방학 최고의 장난감은 플라스틱 물총이었다. 5월 소풍부터 아이들은 가방 속에 물총을 넣고 설레는 마음으로 여름의 폭염을 기다리곤 했다. 빨간 고무 대야에 담그면 물거품을 내며 물을 삼키던 고무 물총. TV 만화 속 주인공이 그려진 것을 보고 엄마를 졸라 손에 넣었던 물총. 무더운 여름방학, 물총과 더불어 친구들끼리 물장난을 하고 놀 때면 더위는 소리 없이 사라지곤 했다. 별다른 피서 없이 물총만으로도 즐거웠던 시절, 소박했던 여름날의 추억을 떠오르게 하는 물총의 역사를 자세히 들여다보자.

스퀴지 물총

스퀴지건

이것은 물총의 원조격으로 올챙이같이 생긴 플라스틱 물총이다. 스퀴지건(Squeeze Gun) 혹은 스퀴지 벌브(Squeeze bulb)라 불리는데, 19세기 말 고무로 만들어진 상품이 처음 선보였으며 이후 고무 스퀴지건(Rubber Squeeze Gun)이라고도 했다. 빨강, 노랑, 파랑색의 이 스퀴지 물총은 1970년대 우리나라 아이들에게 크나큰 사랑을 받았다. 그 당시 10원 정도의 가격으로, 부담 없이 살 수 있었다. 마치 소젖을 짜듯이 물이 담긴 총을 쥐어 누르면 물이 발사되는 원시적 방법이기에 단순한 디자인의 물총만이 출시되었다. 또한 명중률이 낮았고 사거리가 매우 짧았다.

다양한 색상과 디자인의 스퀴지 물총.

다이캐스팅 공법으로
만든 스퀴트 물총.

스퀴트건, 분무기 물총

점차 스퀴지 물총보다 진화된 형식의 물총들이 등장하는데, 모두 분무기의 원리를 응용한 것이다. 이것들은 스퀴트건 (Squirt Gun)이라 불렸다. 이 물총은 손잡이 부분에 물을 저장하고 총신에서 총구까지 튜브로 이어져 방아쇠(트리거)로 물을 발사하는 방식이다. 우리나라에선 분무기 물총으로 불렸던 이 장난감은 1910년, 미국에서 가죽 손잡이의 양철 물총으로 첫 시판되었다. 1915년에는 스퀴드 건의 특허 횟수가 증가했고 연발 물총도 생산되는 등 큰 인기를 누린다. 하지만 양철 물총은 쉽게 녹스는 문제가 있었다. 그래서 플라스틱 스퀴트건은 이런 단점을 보완하면서 화려한 디자인을 선보였다. 1950년대 B급 SF 영화의 인기에 힘입어 플라스틱 스퀴트건은 10년 동안 1,000가지 종류가 넘는 제품이 출시되었다. 때문에 제품은 다양해지고 싸졌지만 소비자들은 물총을 왠지 수준 낮은 장난감이라고 인식하는 경향이 있었다.

이런 상황을 불식시키기 위해 1980년 이후 많은 제조사가 기능 향상에 초점을 맞춰 제품의 고급화에 도전한다. 우선 크기를 실제 총 크기와 같게 만들어(물의 용적량이 늘어남에 따라) 물을 자주 채워야하는 번거로움을 줄였다.

스파이더맨 스퀴트 물총.

또한 사거리를 향상시키기 위해 총신은 길게 만들고 실린더는 더 크게 만들었다. 이런 개선을 통해 1~2m에 불과했던 물줄기의 사거리는 5m 이상으로 개선되었고 아이들의 관심은 물총의 모양이 아닌 성능으로 모아진다. 하지만 스퀴트건의 파괴력은 한계가 있었고 계속 물을 채워야하는 불편은 여전했다. 이런 단점을 보완한 스퀴트건은 끊임없이 출시되었다.

전동 물총

물총의 연사 기능을 향상시킨 물총으로 스퀴트건과 기본 방식과 외양은 유사하다. 하지만 작은 모터가 장착되어 물의 펌핑을 도와준다(Motorized Water Gun). 점선 안의 그림에서 빨간색의 두 개의 꼭지가 물의 압력을 조절하는 밸브다.

물탱크 스퀴트건

손잡이 안의 물 저장고를 밖으로 빼내어 물탱크의 크기를 늘렸다(Burst Squirt Gun). 물 충전 주기를 줄여 놀이의 지속 시간을 늘린 개선된 스퀴트건이다.

물탱크 장착 스퀴트건.

펌핑액션 물총

 이 물총의 몸체는 밀폐된 두 개의 형태로 맞물려있다. 물탱크가 있는 앞쪽 몸통을 뒤로 당기면 뒷쪽 몸통의 공기압이 물을 밀어내는 원리이다.

 분무기 총인 스쿼트건과 달리 물총의 성능 측면에서 최초로 강한 힘을 보인 것은 펌핑 액션물총(Pumping Action Pistol)이다. 바주카포 물총(Water Bazooka) 또는 실린지건(Syringe Gun)으로 부르기도 한다. 이 물총은 권총 형식이 아닌 라이플(소총) 크기 이상이며 총 앞부분에 물탱크가 위치한다. 이 물총은 방아쇠 대신 앞의 몸통을 잡아당기면 압력에 의해 물이 발사되는 원리이다. 분무기 총이 적은 물 저장량 때문에 자주 물을 채워야 하는 단점을 보완한 이것은 장시간 물 보충 없이도 사용할 수 있었다. 이 물총은 산탄총처럼 총신의 바(bar)를 잡아당기면 공기의 압력에 의해 물이 발사된다. 일명 람보 물총이라고 불리기도 했다. 펌핑 속도에 따라 다연발로 물이 발사되었으며 사거리도 7m가 넘었다. 그러나 목표물을 조준하는 능력은 스쿼드 건과 마찬가지로 형편없었다.

펌핑액션 물총.

슈퍼사커

1982년 핵물리학자인 로니 존슨(Lonnie Johnson)은 우연한 기회에 강력한 힘의 물줄기를 만드는 원리를 발견한다. 나사(NASA)의 과학자였던 그는 여가시간에 새로운 가열 펌프 시스템을 연구한다. 움직이는 물의 온도를 조절하는 연구를 하던 중 순간적인 공기의 압력에 의해 강한 물줄기가 솟구치는 것을 발견한 그는 새로운 물총의 아이디어를 얻는다. 공기압과 수압의 힘을 적절히 이용하면 강한 물줄기를 만들 수 있다는 로니 존슨의 구상은 발명가인 부르스 안드레이드(Bruce D'Andrade)와의 협력을 통해 현실화된다. 이듬해 압축 공기를 사용하는 이 물총은 '슈퍼사커(Super Soaker)'란 이름으로 세상에 나온다.

이 모델은 비거리가 12~15m를 훌쩍 넘으며, 단발과 연발 등 물의 사출 방식을 다양하게 조절할 수도 있었다. 슈퍼사커는 20세기 물총 역사에서 혁명으로 기록되며 지금까지 다양한 형태의 물총 시리즈를 생산하고 있다.

1970년대와 1980년대, 우리나라 문방구의 플라스틱 물총들은 조악했지만 '메이드 인 코리아'란 문구가 선명한 장난감들이었다. 중소 장난감 기업들은 물총뿐만 아니라 다양한 종류의 장난감을 활발하게 생산했다. 저작권의 개념이 없던 그 시절에는 아이들을 유혹하기 위해 아톰, 스파이더맨 등 만화 캐릭터들을 장난감 포장지에 제한 없이 사용했다. 소위 짝퉁 물총들은 남자아이들의 사랑을 받았다. 하지만 여름이 지나면 장난감 물총이 하나둘 버려지듯 국내 장난감 생산도 1990년대 이후 점차 사라지게 된다. 수많은 장난감 물총들은 이제는 B급 컬트 수집 아이템으로 박물관 등에 남아 그 시절의 향수를 그리워하는 이들이 찾는 유물(?)이 되었다.

BUILDING TOY

PART 11

만드는 장난감

BUILDING TOY

끼우고, 맞추고, 칠하고.

프라모델, 혹은 조립식 장난감은 30~40대에게는 유년기와 청소년기를 가로지르는 추억의 아이템일 것이다. 학교 앞 문방구나 프라모델 전문 과학사에서 용돈을 꼬깃꼬깃 모아서 사던 조립식 장난감. 설레는 마음으로 집에 와 박스를 여는 순간의 짜릿함이란 정말 말로 표현할 수 없는 기쁨이었다. 그렇게 조립식 장난감을 만드는 즐거움으로 시간가는 줄 모르던 시절이 있었다. A, B, C, D 조각을 떼어내어 부품을 맞추어나가며 손톱깎이로 거친 부분을 다듬는다. 부품이 잘 맞지 않아 애를 먹다가도 다시금 마음을 추슬러 마지막까지 집중력을 발휘한다. 에나멜 도료에 시너를 섞어 제법 도색을 시도하기도 한다. 결과는 만족스럽지 않지만 다음을 기대하며 또 다른 조립식 장난감을 살 계획에 마음이 들뜬다. 조립식 장난감의 마법에 현혹된 친구들은 이 장난감을 멈추지 않고 계속 사 모았다.

1970~1980년대는 국내 조립모형 시장의 전성기였다. 당시 일본 캐릭터의 복제품이 국내 조립모형 산업의 대부분을 차지하기도 했지만 독자적인 상품개발도 꾸준히 계속되었다. 국산 자동차 포니의 조립모형과 요트 조립모형.

조립식 장난감은 설명서와 함께 부품과 틀이 결합된 형태로 사출된 플라스틱 판으로 구성된다. 부품들은 숫자와 알파벳으로 표기되어 설명서를 보면서 만들 수 있는 형태로 구성되어 있다.

아이들에게 인기 있는 만화영화나 외화시리즈는 프라모델로 생산되어 당시 초등학생들에게 큰 사랑을 받았다.

프라모델

'프라모델('Plastic Model'의 일본식 줄임말)'이란 합성수지계 플라스틱 재료를 금속주형의 사출방식으로 제작한 조립모형 장난감을 말한다. 1990년대 이전 프라모델이라는 말이 정착되기 전까지는 주로 '조립식 장난감'이라 불렀다. 한국어로 프라모델의 정확한 표현은 '조립모형'이다. 조립모형은 원래 '플라스틱 모델'이라고도 불렀지만 이 분야에 앞선 일본의 문화를 받아들이면서 프라모델로 부르게 되었다. 유럽과 미국에선 '모델 킷(Model Kit)' 또는 '하비 모델 킷(Hobby Model Kit)'이라 부른다. '인젝션(사출) 킷'이라 부르는 사람도 있다. 일본과 한국 등 아시아에서 인기를 누리는 건담 프라모델은 '건프라'라는 이름을 붙여 특별한 명칭으로 부르기도 하며 '개러지 키트'라고 하여 아마추어가 소량 생산하여 판매하는 수제품 프라모델을 부르는 용어도 있다. 프라모델들은 부품을 떼어내어 끼워 맞추거나 접착제로 붙여 만든다. 도면에 따라 완성된 모델에 에나멜 등의 도료를 도포하여 도색하고, 거친 부분을 다듬고, 깎아내고 메워주는 등 높은 수준의 완성도를 위해서는 손이 많이 간다. '프라모델 완성작'이라고 하면 대개 조립 후 형태를 다듬고 도색까지 완료한 경우를 지칭한다. 또한 실물을 작은 크기로 섬세하게 재현한 만큼 강도도 무척 약해 보관에 주의가 필요하다. 이 장난감을 즐기는 사람들은 취미로 하는 사람과 전문가가 구별되기도 하는데 전문 프라모델 모델러는 일반적인 완성작에 더욱 손을 보아 디테일을 배가시킨다. 현실감을 주기 위해 폐허의 균열이나 흙 등을 재현하는 웨더링 작업을 더하는데 사실성을 표현하기 위해서는 시간과 노력을 많이 소모해야 한다.

　제품은 금속에 모형을 떠서 만든 금형사이에 액상 플라스틱을 주입하여 냉각 후 사출하는 방식으로 완성된다. 같은 금형으로 많은 제품을 생산하여 단가를 낮추는 방식인데, 작은 제품이라 할지라도 금형 제작비용이 비싼지라 기본 금형에다가 버전을 다양화하여 제작비용을 낮추는 방식을 고수한다.

　대부분의 프라모델에는 '스케일'이라는 실물대비 모형의 축척비율을 표기하는데 탱크와 장갑차는 1/35, 1/72, 비행기는 1/32, 1/48, 1/72, 1/144, 배는 1/350, 1/700, 건프라와 SF 로봇류는 1/60(PG), 1/100(MG), 1/144(HG, RG) 정도가 조립모형의 표준 스케일이라고 볼 수 있다. 프라모델은 기본적으로 인공물을 정밀 재현한 축소 모형이지만 프라모델의 주요 장르는 대체적으로 밀리터리 분야에 치중되어있다. 주로 탱크와 전차, 전투기, 군함 등 실제 존재했거나 현존하는 병기들을 제품화한 것들이 대부분이며 제조사와 소비자 모두 현용 밀리터리보다는 제2차 세계대전의 밀리터리를 선호한다. 일본의 '타미야', 홍콩의 '드래곤', 이탈리아의 '이탈레리', 미국의 '모노그램' 등의 제조사에서 제2차 세계대전 때 활약했던 탱크와 비행기, 보병들을 중복 출시했으나 생산량이 다 소진될 정도로 수요가 많다. 특히 '타미야' 사 같은 경우는 1970년대 초반부터 대전물 프라모델로는 세계적인 명성을 얻은 제조사다. 지금까지 출시한 제품들도 어마어마하지만 제품화한 지 오래된 것은 아예 금형을 새로 만들어 재출시할 정도니 오랜 시간 사랑받은 브랜드라고 할 수 있다. 2000년대 들어서는 중국 제조사들의 발전이 눈부시다. 1990년대에만 해도 일본 제조사의 하청 부품을 만들었지만 점차 기술력과 디자인이 보완되어 현재는 일본 회사들을 위협하는 수준으로 올라섰다.

　그 외에 자동차, 민항기, 여객선 등의 장르가 있으며, 특히 SF와 로봇 제품들은 최근 밀리터리를 추월하고 있다.

플레이모빌

플레이(play)는 영어로 '놀다', '놀이를 하다'의 뜻을, 모빌(mobil)은 독일어로 '움직일 수 있는', '활발한'의 뜻을 가진다. 활발한 놀이를 할 수 있는 장난감 플레이모빌은 1974년 독일에서 탄생하였다.

플레이모빌은 초창기에 '클리키(Klicky)'로 불리기도 했으며 다양한 액세서리들과 동물, 건물과 자동차 등 다양한 주제를 담았다. 공항, 학교, 경찰서와 소방서 등 일상을 테마로 제작된 시리즈가 매년 출시하는 주된 형식이며, 서부 시대와 남극탐험, 우주 등을 소재로 만든 시리즈도 번갈아 가며 새롭게 내놓는다. 무엇보다 플레이모빌의 상징인 스페셜 피규어(피규어 1개를 개별 포장으로 판매하는 것)는 부담 없이 이 장난감을 접할 수 있는 방법이기도 하다.

플레이모빌은 독일 브란트슈테터(Brandstätter) 사에 의해 1974년에 처음 생산된 장난감이다. 브란트슈테터 사는 1876년 창업자인 안드레아스 브란트슈테터(Andreas Brandstätter)가 그의 이름을 따서 만든 회사이며 초기에는 장식용 상자와 자물쇠를 만드는 사업으로 시작했다고 한다. 1920년대 그의 회사는 주로 장난감 가게용 저금통이나 전화기, 현금 등록기, 그리고 저울 등을 생산하였는데, 그것들은 유럽에서 크게 성공을 거두었다. 그 성공을 바탕으로 1950년대에는 합성수지 훌라후프 제품으로 미국 시장에 진출하게 되고 점차 플라스틱으로 만들어진 여러 가지 장난감들과 레저용품으로까지 제조와 판매가 확장된다. 이 후 새로운 플라스틱 장난감 개발을 모색하던 중 장난감 디자이너 한스벡(Hans Beck)의 아이디어를 바탕으로 현재의 플레이모빌의 디자인을 완성하게 된다.

플레이모빌 피규어. 카우보이와 중세 군인, 인디언 등 테마에 따라 다양한 피규어가 생산된다.

플레이모빌은 이중사출 방식을 채택해 눈과 입이 절대로 지워지지 않으며 머리와 팔, 허리가 자유롭게 움직인다. 모든 피규어가 다양한 모자 액세서리를 쓸 수 있으며 손에는 가방이나 지팡이, 총 등 여러 가지 소품들을 쥘 수 있다. 오토바이나 말, 자동차에도 피규어가 탈 수 있어서 아이들이 가지고 놀기에 부족함이 없는 장난감이다. 플레이모빌 피규어는 3.2cm(아기), 5.5cm(어린이), 7.5cm(어른)의 크기로 한 손에 쥐기 적합하게 제작되었으며 성별을 가리지 않고 다양한 직업의 인물 피규어가 출시되고 있다.

유사한 외모 때문에 레고 미니 피규어와 종종 비교되는 플레이모빌은 레고처럼 블록 장난감은 아니다. 하지만 완성 제품의 형태로 나오는 것이 아니라 약간의 조립의 과정이 필요한 장난감이다. 버스와 비행기, 자동차 등의 조립은 간단한 편이다. 반면 공항의 관제탑이나 경찰서 등 건축물의 조립은 꽤 섬세하다. 실제 건축물에 사용되는 H빔 형태의 부속들을 사용하여 건물의 벽들을 연결하고 이음새는 노란색 연결부품으로 이어준다. 이 연결부품은 플레이모빌의 전용 드라이버를 사용하는데 모든 제품에 공통규격으로 적용된다. 만들수록 정교함이 느껴지는 플레이모빌 부품들은 나무촉감이 나고 색감이 선명한 ABS소재로 만들어졌다. 또한 유독성물질을 전혀 포함하고 있지 않아 아이들의 입에 닿아도 안전하다. 만드는 장난감으로 보기에는 다소 쉬워 보일 수도 있지만 플레이모빌의 큼지막한 건축물들을 여러 채 만들어 마을과 도시를 꾸며본다면 이 장난감의 컬러풀한 매력에 푹 빠질 것이다.

레고

 20세기를 지나 21세기를 살고 있는 지금, 많은 장난감 회사들이 어린이와 수집가들의 눈을 사로잡는 수많은 장난감들을 생산하고 있다. 여러 개의 브랜드를 앞세운 거대 장난감 회사부터 작은 신생 회사까지, 다양한 장난감들은 전 세계에 소비자들에게 공급되고 있다. 그중 유난히 독보적인 브랜드의 회사가 있는데 그것이 바로 레고(LEGO)다. 회사명과 브랜드 명이 일치하는 레고 사는 블록 장난감의 외길을 70년 동안 걸어왔다. 레고 사의 제품은 1년에 2억 박스 이상 팔리고 있으며 경제 전문가들에게 레고 사는 회사(company)가 아닌 기업(group)으로 불린다. 장난감계의 최고 기업으로 인정받는 레고 사는 레고 장난감뿐만 아니라 테마파크, 비디오 게임, 영화 제작까지 영역을 확장하고 있다.

레고 컬렉터들을 위한 가이드북.

레고의 역사

목수 출신 올레 키르크 크리스티얀센(Ole Kirk Christiansen)은 1932년 덴마크의 빌룬트(Billund)라는 지역에서 장난감 공장을 시작한다. 초창기에는 가정에서 쓰이는 나무로 만든 생필품과 장난감을 생산하던 그는 2년 뒤 회사를 '레고'라 이름 짓고 본격적인 장난감 생산에 들어간다. 레고는 덴마크어로 '레그 고트(leg golt)', 잘 논다(play well)는 뜻이다. 바퀴 달린 오리 인형 풀 토이와 자동차, 요요 등 목재 장난감으로 명성을 얻을 즈음 1942년 화재로 인해 공장이 불타버린다. 창업주 크리스티얀센은 나무 장난감 생산을 대폭 줄이고 그 당시 신기술인 플라스틱 장난감 제조를 목표로 공장을 재정비한다. 그는 단순하고 자유자재로 조립할 수 있는 장난감을 만들고 싶어 했다. 그러던 1940년대 초반 플라스틱이란 신소재는 그에게 새로운 영감을 주었다. 당시 플라스틱의 신기술은 미국이 앞서 있었지만 지리적 여건상 가까운 영국의 기술을 차용하게 된다. 그는 영국의 한 회사에서 플라스틱 성형 기계를 들여온 후 영국의 '키디크래프트(Kiddicraft)' 사에서 셀프 로킹 브릭(Self-Locking Bricks)의 특허를 가져온다. 레고 사의 인터 로킹 브릭(Inter-Locking Bricks)

왼쪽 피셔프라이스 사의 나무 장난감. 초창기 레고 사도 이런 종류의 나무 장난감을 주로 생산하였다.
오른쪽 레고 브릭 모양의 수납함. 레고 브릭과 브릭에 새겨진 로고는 레고 사의 상징이다.

이라는 블록 장난감은 이렇게 해서 탄생한다. 플라스틱 사출 성형기(injection-molding machine)는 속이 꽉 차거나 빈 플라스틱을 만들 수 있고 동그라미나 돌기 모양, 유선형까지 제작 가능했다. 형태가 잡힌 틀을 이용해 모양을 만든 후 여러 가지 도색을 입힐 수 있는 플라스틱 제조법은 레고 브릭에 날개를 달아준다. 하지만 제일 중요한 문제는 재빨리 '딸까닥' 소리를 내며 브릭끼리 결합하는 것과 결합력이 어느 정도인가였다. 자료에 의하면 초창기의 브릭은 요즘 제품과 달리 매우 헐겁고 느슨했던 것 같다. 이후 브릭 간의 단단한 결속력을 위한 레고 사의 노력은 수년간 계속되었다.

레고의 디자인과 제조

레고의 브릭 부품들은 다양하지만 보편적이며 규칙이 있다. 따라서 디자인과 상품명이 다르더라도 1958년 이후 제작된 레고 브릭들은 자유롭게 호환이 가능하다. 각각의 레고 부품은 정밀하게 측정하여 제작된다. 두 개의 브릭을 맞물렸을 때 단단히 자리에 끼워지는지, 쉽게 분해되는지가 제품 테스트 과정의 핵심이다. 이런 과정으로 공장의 기계들은 10㎛ 오차 범위 내에서 브릭을 생산한다. 레고 본사에서는 120여 명의 디자이너들이 변화하는 장난감 시장에 맞는 제품을 디자인하기 위해 노력하는데 그곳에서는 새로운 제품을 개발하기 위해 평균 12개월 동안을 소모하며 3단계의 과정을 거친다.

첫 단계에서는 시장의 트랜드와 타사 제품의 품질에 관한 조사가 진행된다. 영국, 독일, 일본 등 각 나라에 퍼져있는 레고 사의 디자이너들과 리서치 조사를 토대로 시장을 분석한다. 리서치 조사는 장난감 상점에 주둔하다시피 하는 레고 사의 조사원들이 어린이 소비자와의 직접 실시한 인터뷰 결과로 이뤄진다. 두 번째 단계는 첫 번째 과정을 바탕으로 디자인과 제품을 연

위 레고 브릭의 가장 보편적 상품 형태인 집 만들기는 초창기 상품 제작의 기본이 되었다.
아래 집 짓기에서 출발해서 도시 만들기로 점차 레고의 장르는 확장된다.

〈토이 스토리〉와 〈배트맨〉 레고 시리즈. 2000년대 이후 레고사는 인기 영화와 애니메이션의 제품까지 생산하여 그 영향력을 넓히고 있다.

구하는 것이다. 아이디어 스케치는 3D 모델링(2008년 이후 레고 사는 이 방식을 적용했다)으로 구체화되고 스테레오 석판인쇄기기로 초기원형이 만들어진다. 이후 초기원형은 시험군으로 선정된 부모와 아이들의 테스트를 거친다. 마지막 단계는 테스트결과와 초기원형의 자체 평가를 종합한 다음 프로젝트에 관련된 모든 직원이 모여서 최종 회의를 한다. 이것은 제품의 확인과 비준의 과정이다. 각자의 의견을 교환하고 제품을 평가하며 합의를 통해 제품의 디자인을 수정한다.

레고 블록은 2×4플레이트, 2×3플레이트, 4×4플레이트를 비롯, 수백 가지가 넘는다. 이 블록들은 탄력 있는 ABS 소재로 만들어진다. ABS 플라스틱은 섭씨 232도의 열을 가하면 밀가루 반죽처럼 변한다. 이때 금형에 주입하고 25~150톤의 압력을 가해 모양을 만든 후 약 15초 정도 열을 식힌다. 오차 범위 2㎛ 내의 블록은 감사원에 의해 감별되고 불량 제품은 폐기된다. 레고 사의 브릭은 백만 개 중 8개 정도의 불량이 나온다고 한다. 레고 브릭의 제조는 여러 나라에서 이루어진다. 금형과 원형의 제작은 덴마크와 헝가리, 멕시코의 공장에서 진행된다. 브릭의 장식과 패키징은 덴마크, 헝가리, 체코에서 이루어진다. 레고 사에서 추정한 바에 따르면 지금까지 4,000억 개의 레고 블록이 생산되었고 1초에 1140개 씩 생산되는 브릭은 1년이면 36억 개라고 한다.

레고 브릭의 영향력

전 세계에서 레고 완제품 박스는 1초에 7개, 1분에 420개, 1시간에 2만 5,000개가 팔린다고 한다. 1년에 레고 브릭을 조립하는 전 세계 사람들의 시간은 50억 시간이며 70여 개국의 아이들에게 제일 인지도가 높은 장난감이

레고 브릭은 다양한 액세서리로 활용 될 만큼 매우 친숙하다.

바로 레고다. 이런 레고 사의 엄청난 성공은 1950년대 레고 사의 2대 대표에 취임한 고트프레드가 자신이 정한 레고 브릭의 원칙을 충실히 이행한 결과였다. 이 원칙은 '수많은 놀이가 가능하고, 쉽게 부품을 구할 수 있으며, 창의력을 키울 수 있어야 하고, 계절에 관계없이 남녀노소 모두 가지고 놀 수 있는 안전한 제품이어야 한다는 것'이었다. 견고하면서 분해가 쉬운 구조로 만들기 위해 세세한 부분까지 연구하는 그의 치밀함은 레고 브릭 전용 타이어의 개발로 정점에 이른다. 2006년 〈비즈니스 위크〉는 레고 사가 타이어 제조업체 1위를 차지했다고 기사화했다. 기사의 내용은 '레고의 작은 고무 타이어 3억 600만 개가 전 세계의 도로를 점령했다'는 것이다. 레고 장난감의 천문학적인 매출을 우회적으로 표현한 이 기사는 '레고 시티'의 위엄을 느끼게 한다. 도로 위에 건물을 짓고 자동차가 다니는 전형적인 현대 도시의 모습을 재현한 '레고 시티'는 60년 넘게 사랑받는 레고 사의 장수 아이템이다. 1963년 고트프레드는 '레고 시티'의 확장판, 레고 테마 파크 '레고 랜드'의 공사에 착수한다. 레고로 만들어진 세상 '레고 랜드'는 1968년 문을 열었고 1년 만에 이곳은 덴마크 왕국보다 더 유명한 곳이 된다. 레고 사는 무한 변신이 가능한 레고 브릭은 만드는 사람의 역량에 따라 다양한 창작물이 가능하다는 것을 '레고 랜드'를 통해 보여줬다. 현재 레고 브릭은 9억 1,510만 3,765가지의 형태를 만들 수 있다고 하며 세계 여기저기에서 다양한 창작물이 등장하고 있다. 작은 브릭이 갖는 무한한 가치와 상상력은 이제 예술의 영역까지 확장되고 있다.

11 만드는 장난감

현재 레고 사의 제품은 리얼함에 도전하고 있다. 컨테이너 화물선과 인공위성, 근현대 건축물까지 한계는 없어 보인다.

레고 크리에이터 시리즈 폭스바겐 밴.

DECORATION TOY

PART 12

장식용 장난감

공간의 분위기를 바꾸는 장난감

1990년대 액션 피규어의 대중적인 인기에 힘입어 등장한 스테츄와 버스트, 프롭과 같은 장난감은 가지고 노는 용도가 아닌 일종의 전시용 장르다. 이들이 등장하기 이전에는 특정 인물을 기념하거나 장식 목적으로 제작된 장난감이 소수 있었다. 그러나 이제는 집안을 꾸미는 가구와 장식 소품처럼 만들어진 물건들이 장난감의 범주에 포함되며 수집의 한 장르로 인정받게 되었다. 지금은 많은 수집가를 보유한 인기 장르가 되었다.

디즈니 컬렉션 인형 전문 제작사인 짐슈어 사가 만든 일곱난장이 스테츄.

오너먼트

오너먼트(Ornament)는 크리스마스트리의 장식품을 말한다. 크리스마스 때가 되면 온 가족이 모여앉아 아이들과 함께 트리의 장식품을 만들었지만 최근에는 만화 캐릭터들을 소재로 한 트리 장식품이 많이 출시되고 있다. 크리스마스 카드 제작사로 유명한 홀마크(Hallmark) 사가 오너먼트로 유명하다.

디즈니 캐릭터 오너먼트.

도자기 인형

　도자기 인형(Porcelain Doll)은 크게 두 가지로 나뉜다. 작은 사이즈로 전체가 도자기로 구워진 제품과 25cm 크기에 일반적인 인형의 외양을 하고 있으나 얼굴과 손만 도자기로 만들어진 것이 있다. 전자의 것은 작은 크기에 매끈한 도자기의 표면을 가지고 있으며 장식용 도자기(china) 그릇, 찻잔과 어울리게 장식하는 인형이다. 후자의 인형은 가지고 노는 인형인 동시에 장식용이기도 하다. 후자의 이 인형을 일반적으로 '포세린 인형'이라고 부르며 '비스크 인형'이라고 하기도 한다. 앞에서 다룬 인형 챕터에서 마담알렉산더 인형도 이 장르에 포함된다. 바비 인형만큼이나 많은 컬렉터가 있는 장르이기도 하다.

깨지기 쉽지만 고유의 색감이 우러나는 도자기 캐릭터 인형. 왼쪽부터 베티붑, 백설공주, 피너츠.

버블헤드

뽀빠이 가족 버블헤드.

버블헤드(Bobble Head) 인형은 3등신의 비율로 된, 머리가 흔들거리는 인형을 말한다. 까딱거린다는 뜻의 '보빙(bobbing)'을 힌트로 이름 지어진 버블헤드 인형은 '헤드낙커(Head Knocker)'라고 부르기도 한다. 머리가 매우 크게 과장된 이 인형은 작은 충격에도 머리가 앞 뒤로 흔들린다. 머리와 몸체를 이어주는 목 부분에 스프링을 장착했기 때문이다. 인형의 머리와 몸체가 서로 맞닿아 있지 않고 스프링이 인형 머리의 무게를 지탱하기 때문에 흔들림이 가능해진다. 이런 버블헤드 인형은 가지고 노는 장난감이라기보다는 어른들의 수집품에 더 가깝다. 현재 미국을 중심으로 만화와 영화의 캐릭터에서부터 운동선수 캐릭터까지, 다양한 제품들이 생산되고 있다.

이 인형은 1842년 니콜라이 고골(Nikolai Gogol)의 소설에서 출발했다고 보는 견해가 지배적이다. 그의 단편 소설 〈오버코트(The Overcoat)〉에서 주인공의 생김새를 이렇게 묘사하는데, "마치 그는 목에 깁스를 한 고양이처럼 머리를 흔들거렸다"라는 문장에서 버블헤드의 발상이 일어난 것이라고 보는 견해. 또한 버블헤드의 큰 머리의 비율은 유럽의 마리오네트(Marionette) 인형과 할로윈(Halloween) 인형에서 영향을 받은 것으로 보인다.

〈크리스마스의 악몽〉 버블헤드.

버블헤드 인형은 1940년대 미국의 한 상점에서 간판 대신 1m 크기의 버블헤드 인형을 홍보용으로 놓은 것을 시작으로 대중들에게 알려진다. 그 후 1950년대 기업들이 판촉품으로 이 인형을 나눠주면서 대량생산된다. 성인 손으로 한 뼘 크기의 버블헤드 인형은 미국 사회에서 재미있으면서도 부담 없는 기업 프로모션 상품으로 자리 잡는다. 특히 시리얼, 햄버거, 초콜릿 등 아이들이 좋아하는 기호 식품의 캐릭터는 거의 반드시 버블헤드로 만들어졌다. 특히 1936년 오픈한 '빅보이 레스토랑'의 빅보이 캐릭터 인형은 지금도 컬렉터들에게 사랑받는 아이템이다. 이렇듯 1950년대 대중에게 버블헤드 인형은 무상으로 나눠주는 기념품으로 인식된다. 시대의 유명인들도 버블헤드 인형으로 만들어졌다. 1962년 노벨 생리학상을 받은 제임스 왓슨(James D. Watson)이나 1950~1960년대 비트 제너레이션(관습에 얽매이지 않고 자기만족을 추구하던 당시 젊은이들의 사조)의 선구자인 작가 잭 케루악(Jack Kerouac)의 버블헤드 인형이 등장한 것이다. 점차 인기 있는 운동선수들의 버블헤드도 만들어지는데, 이 인형들은 중요 경기 때마다 프로모션 행사로 극소수 입장객들에게만 나눠주었다.

메이저리그 선수와 마스코트 버블헤드. **왼쪽부터** 텍사스 선수 시절의 박찬호 선수 버블헤드와 전설적인 야구 선수 어니 뱅크스, 그리고 필라델피아의 팀 마스코트.

1872년 시작된 미국 프로야구, 메이저리그(Major League Baseball)는 미국의 역사와 함께했다. 1901년 양대 리그의 출범과 1903년부터 시작된 월드시리즈의 도입으로 메이저리그는 전 국민적인 스포츠로 성장한다. 1920년대 베이브 루스(Babe Ruth)라는 걸출한 스타의 등장과 양키스와 레드삭스의 라이벌 구도 등으로 1930~1940년대에도 메이저리그의 인기는 계속된다. 그러던 1950년대 초반 라디오와 TV 중계로 인해 관중이 감소하자 각 구단들은 홍보용 버블헤드 인형을 제작한다. 팀을 대표하는 선수들의 버블헤드 인형을 입장객에게 경품으로 나눠준 이후 관중 수는 점차 증가한다. 일시적인 행사로 시작된 메이저리그의 버블헤드 경품행사는 점차 모든 구단들에게 확대되고 이 인형은 홍보용이 아닌 문화상품으로 자리 잡는다. 로베르토 클레멘테(Roberto Clemente), 미키 맨틀(Mickey Mantle) 등 전설적인 월드시리즈의 선수들을 버블헤드로 출시하며 인기를 구가한다.

1970년대, 메이저리거(Major Leaguer) 버블헤드는 각 팀의 거의 모든 선수가 등장하게 된다. 인형의 재료도 혼응지(papier-mache, 펄프에 아교를 섞어 만든 종이 재질로 습기를 가하면 물러지고 마르면 아주 단단해진다)에서 세라믹으로 바뀌었다. 대량생산이 된 버블헤드는 주중 경기의 증정품과 판매용 기념품으로 다양하게 활용된다. 각 구단의 팀 스토어(team store, 메이저리그 구장에 있는 기념품숍)에선 야구모자, 유니폼, 야구선수카드 등과 함께 버블헤드 인형을 판매하며 몇몇 아이템은 한정판으로 생산, 수집 가치를 높이기도 하였다. 또한 1960년대 초창기의 단순히 서 있는 포즈에서 투구하는 모습, 타격과 수비하는 동작 등 다양한 포즈로 변화된 버블헤드가 생산된다. 그리고 과거에 활약했던 유명 선수들의 버블헤드도 쿠퍼스타운 컬렉션(Cooperstown Collection)이란 이름으로 판매된다. 특히 새로운 시즌이 시작됐을 때 이적한 선수가 친정 팀으로 원정 경기를 오면 예전 유니폼의 버블헤드를 선물하는 관례가 생겼다. 지난 선수의 노고를 배려하는 이 전통은 미국 스포츠사의 미담을 보여준다. 열성적인 플레이를 하는 선수들과 응원을 아끼지 않는 야구팬들은 메이저리그 버블헤드를 보며 지나간 스타플레이어를 추억하고 지금의 스타들에게 박수를 보낸다.

현재 미국에서는 야구뿐만 아니라 농구, 미식축구 선수들의 버블헤드 인형도 많은 제품이 출시되고 있고 유럽에서는 축구 선수 버블헤드가 큰 사랑을 받고 있다.

배트맨과 로빈, 조우커 등 〈배트맨〉 등장인물들의 버블헤드.

유명 연예인이나 영화, 만화를 소재로 한 버블헤드는 처음엔 스포츠 버전처럼 큰 인기가 없었다. 그중 1964년 출시된 비틀즈(The Beatles)의 버블헤드는 유일하게 캐릭터 버블헤드의 고전으로 손꼽힌다. 비틀즈의 각 멤버들의 특징을 세심하게 표현한 이 인형들은 현재 수집가들이 찾는 인기 품목이다. 하지만 한참 동안 엔터테인먼트 주제의 버블헤드는 주목 받지 못한다. 그것은 아마도 버블헤드가 가진 장난감과 수집품 사이의 모호한 포지셔닝 때문일지도 모르겠다. 귀엽긴 하지만 가지고 놀기에는 애매한 버블헤드 인형은 1990년 이후에 와서야 중흥기를 맞는다. 어른들이 좋아하는 캐릭터들이 버블헤드로 등장한 것이다.

1989년 방송을 시작한 '심슨 가족(The Simpsons)'이라는 성인용 TV 애니메이션 시리즈가 대중의 관심을 끌었는데 이후 방영된 '패밀리 가이(Family Guy)', '사우스 파크(South Park)', '퓨처라마(Futurama)' 등이 이런 흐름을 이어간다. TV 시리즈의 인기에 힘입어 1990년대 후반 이들의 캐릭터 버블헤드가 출시된다. 성인용 TV 애니메이션 버블헤드가 연이어 히트를 치자 엔터테인먼트 버블헤드 상품군은 다양해졌다. 엘비스 프레슬리(Elvis Presley)와 같은 레전드 팝 스타들과 영화 〈이블데드(The Evil Dead)〉 같은 B급 공포물의 캐릭터들이 버블헤드 인형으로 제작되었다. 기성세대의 대중성을 기반으로 한 버블헤드 제품들은 1990년대 중반을 기점으로 수집가들의 시장에서 중요한 위치를 차지하게 된다. 1970~1980년대 음악과 영화를 그리워하는 어른들에게 버블헤드는 자동차나 사무실에 부담 없이 놓을 수 있는 상품이 된다. 2000년 이후 버블헤드 인형의 제작은 모든 장르에서 활발해진다. 〈스타워즈〉, 〈터미네이터〉 등 SF 영화와 슈퍼 히어로 주인공들, 디즈니 캐릭터까지 제품으로 출시된다.

디즈니 장편 영화 〈판타지아〉의
마법사 미키 마우스 스노우글로브.

스노우글로브

'스노우글로브(Snowglobe)'란 투명한 둥근 유리 안에 축소 모형을 넣은 장난감을 말한다. 이 구형의 유리 안에는 물과 유사한 액체가 들어 있고 잘게 조각난 반짝이 가루 입자들이 들어있다. 바닥에 가라앉아 있던 이 조각들은 스노우글로브를 잡고 흔들면 공기와 함께 뿜어 올라 마치 눈이 내리는 것과 같은 그림을 연출한다. 이런 작동 방식에 유래해서 1940년대 미국에선 스노우글로브란 명칭이 일반화되었다. 원래 이 장난감은 부르는 이름이 여러 가지였는데, 워터글로브(Waterglobe), 스노우스톰(Snowstorm), 스노우돔(Snowdome), 스노우볼(Snowball), 스노우씬(Snowscene), 스노우쉐이커(Snowshakers) 등으로 불렸다. 모두 '눈(snow)'과의 합성어다. 365일 눈 내리는 겨울의 낭만을 함께 하고픈 사람들이 사랑하는 스노우글로브는 의외로 긴 역사를 가지고 있다.

중세 시대 유럽은 종교와 마법이 공존하던 시기였다. 과학을 대신하던 마법은 대중들에게 마약과 같은 존재였고 대중의 무지는 현실의 문제를 마법사와 예언가에게 상의하는 수준이었다. 그래서 동화나 소설에 많은 마법사들이 등장하는데, 이들이 사람들의 과거와 미래를 투영하면서 사용하는 도구 중 하나가 마법 구슬이었다. 커다란 구슬을 들여다보며 마법사들은 '영험함'을 발휘했고 동화 속 유리구슬은 사람들에게 신비로운 존재로 각인되었다. 이렇듯 유리구슬은 역사 속에서 신비로우면서도 친근한 사물이었다.

   스노우글로브는 이름이 여러 가지인 만큼 그 기원에 있어서도 의견이 분분한데, 19세기 초반 프랑스에서 시작되었다고 보는 것이 중론이다. 처음에는 종이를 누르는 문진(paperweight)에서 시작된 것으로 추정되는 이 제품은 프랑스에서 시작되어 독일, 오스트리아, 폴란드, 영국으로 퍼지게 된다. 초기의 스노우글로브는 지역 마을의 기념품이었고 지역 장인들에 의해 소량 판매되었다. 그러던 중 1878년 파리 유니버셜 엑스포에서 공식적으로 대중에게 선보였고 1년 뒤부터 여러 공장들이 이 제품을 생산하여 전 유럽으로 수출하였다. 1889년에는 스노우글로브 안에 에펠탑과 같은 국제적인 관광명소의 축소모형을 넣은 관광상품도 개발되었다. 영국에선 빅토리아 시대에 처음 이 제품이 소개되었고 1920년에 이르러서는 바다 건너 미국에서도 인기 상품이 된다. 20세기 들어서는 독일과 미국이 프랑스를 제치고 스노우글로브의 주생산지로 바뀌게 된다.

〈캐리비안의 해적〉 스노우글로브. 스노우글로브를 흔들면 금속 호일 가루가 날려 마치 눈이 내리는 듯한 효과를 보여준다.

19세기 말 의료용 수술 기구 발명가인 어윈 퍼지(Erwin Perzy)는 자신이 발명한 스노우글로브를 '슈니쿠겔(Schneekugel)'이라고 명명하고 세계에서 최초로 특허권을 획득한다. 연구를 거듭한 그의 스노우글로브는 이전의 제품에는 없던 멋진 기능이 추가됐는데 그것은 바로 뛰어난 조명이었다. 의료용 수술 램프를 장착하여 캔들파워(Candle-power, 촉광)를 높인 것이다. 이 방식의 스노우글로브를 그는 '슈스터쿠겔(Schusterkugel)'이라고 불렀다. 유리 안에서 눈의 역할을 하는 입자의 재료들도 반사가 뛰어난 재질로 바뀌었고 유명 건축물의 모형을 섬세하게 제작하여 디테일을 살렸다.

대량생산과 그에 따른 판매의 다변화를 위해 어윈 퍼지는 그의 동생 루드윅(Ludwig)과 비엔나에 스노우글로브 전문 가게를 오픈한다. 지금도 이곳은 가업으로 이어져 오고 있으며 현재까지도 제품을 전 세계로 수출하고 있다. 다른 회사의 스노우글로브 제품에 비해 우수한 점(스노우글로브를 흔들었을 때 가루 입자들이 오랜 시간 물속에서 유영하는 것과 가루의 역할을 하는 재료가 독특한 것)은 여전히 영업비밀이다.

배트맨 스노우글로브. 눈의 재료로 섬유를 쓰는 경우 시간이 지나면 서로 엉켜 붙기도 한다.

미국에서 스노우글로브의 특허권은 1927년 피츠버그에 사는 조셉 가라자(Joseph Garaja)가 획득한다. 그는 스노우글로브 외부에 장식적인 요소를 여럿 추가하였다. 또한 어항 안에 넣을 수 있는 제품 등 다양한 상품을 개발하였다. 1940년대 스노우글로브는 각종 광고와 영화에 중요한 소품으로 등장한다. 특히 1941년 영화 〈시민케인(Citizen Kane)〉의 첫 장면에 등장한 스노우글로브는 곧 영화의 성공과 함께 큰 화제가 된다. 성공한 사업가인 주인공 케인의 노년의 시점에서 시작하는 이 영화는 재계의 거물인 케인이 죽기 전 마지막으로 뱉은 '로즈버드'란 단어의 미스터리를 풀어나가는 내용이다. 영화 초반부 병상에 누워있는 케인이 떨어뜨리는 스노우글로브를 클로즈업하며 영화는 과거로 시간을 거슬러 올라간다. 결국 로즈버드는 케인이 어린 시절 좋아하던 썰매의 이름으로 밝혀지며 영화 속 스노우글로브는 유년기를 그리워하는 주인공의 심정을 대변하는 복선의 역할이다. 흥미로운 스토리에 힘입어 영화에 등장한 스노우글로브는 할리우드의 인기 상품이 된다.

초창기 스노우글로브는 원형 유리에 세라믹 인형이나 명소의 건축물, 풍경 등을 넣고 물을 넣은 다음 세라믹으로 만든 베이스로 유리 돔을 밀봉하는 방법을 사용했다. 유리 돔 안에 넣는 가루의 종류는 동물의 뼛조각이나 자기 조각, 모래, 톱밥 등이 사용되었다. 세월이 지나면서 눈 조각의 재료는 금색 호일

디즈니 캐릭터 스노우글로브와 아기곰 푸우 스노우글로브. 스노우글로브에서 눈만큼이나 중요한 것은 수정을 비추는 조명이다. 1970년대부터 건전지를 내장하여 조명이 가능한 스노우글로브가 등장했다.

이나 물에 녹지 않는 비누 조각으로 바뀌었고 1950년대에는 흰색 플라스틱 조각도 사용되었다. 두툼하고 무거운 유리 돔도 점차 얇아지고 스노우글로브의 베이스도 가벼운 베이클라이트(bakelite, 20세기 초반 전기 용품에 쓰이던 프라스틱의 일종) 재료로 바뀌게 되었다. 유리 돔 안에 채워지는 용액도 물에서 경질 연유와 글리세린, 글리콜로 바뀌었다. 용액이 바뀌면서 유리 안의 눈 조각들이 좀 더 느리게 유영하며 모두 가라앉기까지 시간이 길어지는 효과가 있었다. 1960년대 스노우글로브에는 뮤직박스가 내장되고 전기 모터 작동에 의해 유리 안의 장식품이 움직이거나 불이 켜지는 등의 기능도 추가되었다.

또 유리 돔에 물을 넣지 않고 송풍기를 내장하여 스티로폼 가루를 날리는 스노우글로브, 유리 돔에 작은 인형들이 송풍기에 의해 날아다니는 토네이도글로브(Tornadoglobe), 나일론 재질의 박쥐와 유령이 펄럭이는 할로윈글로브(Halloweenglobe) 등 다양한 제품들이 출시되었다.

최근 스노우글로브 제품은 소형 송풍기가 내장되어 흔들지 않아도 눈이 날리는 효과를 줄 수 있다.

1950년대 플라스틱의 발명으로 스노우글로브는 대량생산이 수월해져 관광명소와 유명 유원지에서 값싼 관광 상품으로 자리 잡는다. 싸구려 상품으로 전락한 스노우글로브가 있었던 반면 몇몇의 유럽의 선물 제조업체들은 참신하고 정교한 디자인의 스노우글로브를 꾸준히 생산한다. 그들은 스노우글로브에 오르골 뮤직박스를 더하고 눈 내리는 아름다운 풍경을 묘사한 제품들을 출시했다. 핸드메이드로 만든 이 제품들은 크리스마스 장식에 어울리는 진귀한 선물 목록이 되었다. 순록, 천사, 산타클로스, 전나무와 눈사람 등 '크리스마스' 하면 떠오르는 모든 것들이 테마가 되어 유리구슬 속을 채웠다.

정교하게 만든 크리스마스 스노우글로브는 사용 재료의 품질과 제품을 만든 장인의 수준으로 구별한다. 예를 들어, 유명한 독일의 장인이 만든 스노우글로브는 거의 수정과 같은 고품질의 유리인 비엔나 유리를 사용한다. 스노우글로브는 일반적으로 플라스틱이나 세라믹 같은 바닥제 베이스를 사용하지만 그들은 고전적 멋을 내기 위해 고급 원목 나무를 사용하기도 하였다. 이 제품들은 정밀한 미니어쳐 소품을 하나하나 배치하여 유리 돔 안의 세계를 창조하였다. 눈 조각은 일반적으로 반짝이 또는 무지개 빛깔의 페인트를 입힌 조각을 사용하여 겨울 장면이 환상적인 이미지를 형성하도록 만들었다. 이런 유럽의 정교한 제품은 미국을 비롯한 전 세계에 수출되어 크리스마스 양말에 담겨졌다. 크리스마스 트리와 어우러진 크리스마스 장식(Christmas Decorations, Christmas Ornaments)의 대명사가 돼버린 스노우글로브는 겨울이 되면 길거리 상점의 쇼윈도에 진열되어 크리스마스 캐롤과 함께 행인들의 발걸음을 사로잡았다.

〈크리스마스의 악몽〉의 주인공 잭의 스노우글로브.

    1955년 문을 연 디즈니 랜드는 부모와 자녀 모두가 즐길 수 있는 최고의 테마파크로 자리 잡는다. 거대한 테마파크 안에 다양한 놀이 시설과 극장, 호텔까지 만들어 수익을 극대화한 디즈니 사는 기념품 개발에도 박차를 가한다. 디즈니랜드 안의 상점에서 흔히 팔리던 봉제 인형, 머그컵과는 다른 고급스런 기념품 제작에 고심하던 디즈니 사는 1970년대 후반 스노우글로브의 판매를 시작한다. 〈백설공주(Snow White)〉, 〈빨간망토(Red Riding Hood)〉, 〈헨델과 그레텔(Hansel and Gretel)〉의 스노우글로브를 만든 영국의 호킨스(Hawkins) 사와 제휴하여 고급스러운 스노우글로브를 제작한다. 모두 수공

디즈니 사의 다양한 캐릭터가 들어간 스노우글로브. 디즈니의 제품들은 디즈니 랜드나 디즈니 스토어에서만 구매할 수 있다.

예로 만들어진 이 제품들은 지금까지 디즈니 스노우글로브의 전통을 이어오고 있다(2012년 현재 대부분의 스노우글로브 제품들은 중국에서 부분적인 핸드메이드 공정으로 생산된다). 디즈니 스노우글로브의 오르골 뮤직박스에는 캐릭터가 등장한 만화의 주제곡이 저장되어있다. 예를 들어 신데렐라(Cinderella) 스노우글로브의 경우 주제음악 '언젠가 나의 왕자님이 오실 거에요(Someday my prince will come)'이 연주곡으로 흘러나와 보는 이의 감성을 자극한다. 모든 디즈니의 제품에는 애니메이션에서 사용되었던 음악들이 저장되어있으며 스노우글로브의 밑면에 있는 테옆을 감으면 재생된다.

한편 디즈니에서는 각종 한정판 스노우글로브(Limited Editions, Special Editions)와 디즈니 스토어 한정판(Store Exclusives), 디즈니 랜드 한정판(Park Exclusives)을 제작하여 오직 지정된 경로로만 판매하고 있다. 봄과 여름 특히 겨울방학 시즌을 중심으로 새로운 디자인의 제품들이 출시되며 3년마다 인기 제품을 한정으로 재출시하기도 한다. 디즈니 스노우글로브 제품들은 시간이 지날수록 프리미엄이 높아져 소장의 가치를 지니게 된다.

영화 〈메리포핀스(Mary Poppins)〉에 등장하는 스노우글로브는 가장 비싼 가격에 거래된 제품으로 알려져 있다. 세인트 폴 성당(Saint Paul's Cathedral) 모형이 들어있고 스노우글로브를 흔들면 비둘기가 날아다니는 스노우글로브다. 이 제품은 경매에서 1,538달러에 판매되었고 이것은 스노우글로브가 가장 비싸게 팔린 기록으로 남아있다.

'주인공의 시선이 스노우글로브로 몰입되고 유리구슬 안의 풍경과 과거의 회상의 풍경이 오버랩되면서 장면전환이 이루어진다.' 앞서 언급했던 〈시민 케인〉 같은 영화처럼, 대중문화 속에서 종종 스노우글로브는 기억과, 추억을 상징하는 오브제로 다뤄진다. 현대 문학과 영화에서 비춰지듯 스노우글로브는 행복한 어린 시절의 추억과 순수함을 상기시킨다. 이러한 '해피 데이'의 이미지를 대표하는 스노우글로브는 예술가들에게는 기성 세대의 가치관에 저항하는 반어적 매체로 변모한다. 미국 버지니아 출신의 월터 마틴(Walter Martin)과 스페인의 작가 팔로마 뮤뇨스(Paloma Munoz)는 부조리한 사회 현실을 빗대어 초현실적인 스노우글로브의 미니어쳐를 작업하였다. 그들은 평화로운 스노우글로브의 관습적 속성을 역설적으로 사용하여 현대인의 삶의 아이러니를 표현하려 했다. 영화와 순수 예술 분야에서 스노우글로브는 영감의 원천이 되고 있다. 이것이 스노우글로브만의 신비한 매력이다.

위부터 〈토이 스토리〉와 〈인어공주〉 스노우글로브.

| 국외서 |

《The DC Comics Action Figure Archive》, Scott Beatty, Chronicle Books

《Superman : The Ultimate Guide The Man Of Steel》, Scott Beatty, DK Books

《DC Comics Covergirls》, Louise Simonson, Universe

《Batman Collected》, Chip Kidd, Watson Guptill

《My Thology》, Alex Ross, Chip Kidd, Geoff Spear, Pantheon

《The Classik Era Of American Comics》, Nicky Wright, CB

《The Golden Age Of Batman》, Arta Bras

《James Bond The Legacy》, John Cork And Bruce Scivally, Abrams

《The Essential Bond》, Lee Pfeiffer And Dave Worrall, Harper Collins

《Star Wars : From Concept To Screen To Collectible》, Stephan J. Sansweet, Chronicle Books

《Spider-Man The Ultimate Guide》, Tom Defalco, DK

《Hulk The Incredible Guide》, Tom Defalco, DK

《Sideshow Collectible-Volume Ten》, Sideshow Company

《A glossary of Liferary Terms》, M.H Abrams

《Eyewitness Guides - Costume》, L, Rowland Warne, DK

《Eyewitness Guides - World War Ⅰ, Ⅱ》, Simon Adams, DK

《The Visual Dictionary Of Military Uniforms》, DK

《The Essential Batman Encyclopedia》, Robert Greenberger, Ballantine Books

《The Marvel Encyclopedia》, Marvel

《The DC Comics Encyclopedia》, DC Comics

《Star Wars - The Complete Visual Dictionary》 - DK

《Star Trek Collectibles》, Ursula Augustin, Schiffer

| 국내서 |

《만화의 역사》, 로저 새빈, 김한영 역, 글논 그림밭

《클릭시커 50 만화》, 안드레아스 크니케, 김원익 역, 해냄

《세계 만화의 역사 클로드 몰리테르니》, 필리프 멜로, 신혜정 역, 다섯수레

《성완경의 세계만화탐사》, 성완경, 생각의 나무

《슈퍼영웅의 과학》, 로이스 그레이시, 로버트 와인버그, 이한음 역, 한승

《007 제임스본드의 과학》, 로이스 그레시, 로버트 와인버그, 유나영 역, 한승

《캐릭터 비즈니스》, 쓰치야 신타로, 김형석 역, 문지사

《거미의 세계: 거미, 거미줄 그리고 인간》, 임문순, 김승태, 다락원

《대중의 영웅》, Eco, U, APOCALITTICI E INTEGRATI, 조형준 역, 새물결

《미술의 상징》, Anjela, Jaffe, Symbolism the visyal arts, 이희숙 역, 열화당

《무의식의 분석》, Jung, C, G., Uberdie Psychologic des Unbewussten, 설영환 역, 선영사

《캐릭터 마케팅의 이론과 전략》, 동경광고마케팅 연구회, 김희진 역, 케이에이디디

《할리우드 문화혁명》, 피터 바스킨드, 박성학 역, 시각과 언어

《바디스케이프》, Mizoeff, Nicholas, Bodyscape: art, modernity and the ideal figure, 이윤희, 이필 역, 시각과 언어

《미셸 파스투로의 색의 비밀》, Pastoureau, Micheal, Dictionnaraire des couleurs de notre temps, 전창림 역, 미술문화

《패션디자인과 색채》, 조필교, 정혜민, 전원문화사

《디자인 용어사전》, 박대순, 디자인 오피스

《영화 속의 바이오 테크놀로지: 영화로 읽는 생명공학 이야기》, 박태현, 생각의 나무

《키즈 마케팅 불변의 법칙: 바비에서 파워레인저까지》, 댄 S. 어커프, 로버트 H. 라이허, 장여경 역, 대한교과서

《흥행의 재구성》, 김희경, 지안

《할리우드 장르의 구조》, 토마스 샤츠, 한창호, 허문영 역, 한나래

《옥스퍼드 세계영화사》, 제프리 노웰, 이순호 역, 열린책들

| 국내문헌 |

〈애니메이션 캐릭터의 의미와 양식에 관한 연구〉, 최치권, 한양대 대학원, 2002
〈판타지 영화의상에 대한 기호학적 분석: 슈퍼영웅의 파워 이미지를 중심으로〉, 류수현, 서울대 대학원, 2006
〈속편 시리즈의 정의 및 특성〉, 박지영, 추계예술대 문화산업 대학원, 2008
〈가면 쓴 영웅의 숨겨둔 욕망과 결핍〉, 박지영, 동국대학교 대학원, 2000
〈유니폼 유형별 디자인 상징 표현방식 및 준거에 관한 연구〉, 김연희, 국민대학교 대학원 박사학위 논문, 2003
〈공상과학영화에 나타난 복식 이미지〉, 박주현, 서울대학교 대학원 석사학위논문, 1999
〈캐릭터 프로퍼티에 관한 연구의 확장성에 관한 연구〉, 이애리, 홍익대 광고홍보대학원, 2003
〈현대인의 생활 형태와 감성을 반영하는 캐릭터 표현연구〉, 김선명, 이화여대 대학원, 2004
〈광고 메시지 유형에 따른 브랜드 확정제품의 광고효과 연구〉, 김세희, 연세대 대학원, 2005
〈시리즈 수식어를 활용한 신제품 출시가 소비자 태도에 미치는 영향에 관한 연구〉, 한창석, 서강대 대학원, 2005
〈구체관절 인형에 대한 청소년의 취향과 의상 선호도 분석〉, 황선미, 연세대 생활환경대학원, 2007
〈탈 경계 시대의 새로운 정체성 추구: 키덜트 마니아를 중심으로〉, 정지연, 고려대 대학원, 2008
〈상품화 캐릭터의 장기화 전략에 관한 연구〉, 홍효경, 경희대 교육대학원, 2003
〈미디어를 활용한 캐릭터 마케팅〉, 신동민, 서울 산업대학원, 1999
〈캐릭터 상품화 전략에 관한 연구〉, 김화경, 성균관대 디자인 대학원, 2001
〈애니메이션의 감각적 리얼리티에 관한 연구〉, 전정숙, 홍익대 대학원, 2006
〈의상 디자인에 나타난 신화적 상징체계 연구: 영화 스타워즈 여자 주인공 의상을 중심으로〉, 서명자, 홍익대 대학원, 2006
〈원 소스 멀티 유즈 문화 콘텐츠의 스토리텔링 구조 비교분석: 스타워즈와 반지의 제왕을 중심으로〉, 김태웅, 경성대 디지털디자인 전문대학원, 2005

〈제품의 캐릭터 친숙성이 소비자의 캐릭터에 대한 태도 및 상표태도에 미치는 영향에 관한 연구〉, 김효린, 동국대 대학원, 2005

〈칼 융의 원형이론에서 본 초월적 힘의 근원 연구: 영화 스타워즈와 아키라를 중심으로〉, 조영해, 강남대 대학원, 2003

〈SF 영화 STAR WARS 속에 표현된 의상에 관한 연구: EPISODE Ⅵ(1997), Ⅴ(1980), Ⅳ(1983), Ⅰ(1999)을 중심으로〉, 김윤희, 경희대 대학원, 2002

〈키덜트 소비자가 선호하는 캐릭터에 관한 연구〉, 장영심, 숙명여대 대학원, 2007

〈브랜드 캐릭터가 소비자 반응에 미치는 영향에 관한 연구〉, 전명섭, 목원대 대학원, 2006

| 학술지 및 관련 보도자료 |

〈영화의 작중 인물, 성격에 관한 논고〉, 서정남, 영화연구 제13호, 한국영화학회, 1997

〈할리우드 블록버스터의 전개과정과 이데올로기 : 스타워즈 시리즈를 중심으로〉, 김경욱, 영화연구 19호, 2002

〈영화선택 및 평가에 관한 연구〉, 김광수, 광고연구, 2000

〈씨네21〉, 2000.01

〈씨네21〉, 2002.12

〈Sex snd Suit, N.Y:Alfred A. Knopt〉, Ann Hollander, 1994, p95, quoted in 〈권력과 남성 패션에 표현된 미적 이미지〉, 이민선, 복식문화연구 11권 2호, 2003

〈할리우드 슈퍼히어로물의 이데올로기 분석: 배트맨 비긴즈를 중심으로〉, 조영주, 영상예술연구 제 7호, 2005

〈캐릭터 마케팅의 이론과 전략〉, 동경 마케팅 연구회, KAD, 1999

〈광고정보〉, 1995

〈한국 속 일본문화〉, 마이다스 동아일보, 1997.3

〈월간디자인〉, 1998

거의 모든 장난감 이야기
더 토이북

초판 1쇄 2015년 3월 15일

지은이 손원경
펴낸이 전호림 **편집총괄** 고원상 **담당PD** 유능한 **펴낸곳** 매경출판㈜
등 록 2003년 4월 24일(No. 2-3759)
주 소 우)100-728 서울특별시 중구 퇴계로 190 (필동 1가) 매경미디어센터 9층
홈페이지 www.mkbook.co.kr
전 화 02)2000-2610(기획편집) 02)2000-2636(마케팅)
팩 스 02)2000-2609 **이메일** publish@mk.co.kr
인쇄·제본 ㈜M-print 031)8071-0961

ISBN 979-11-5542-219-9(03630)
값 18,000원

TOYKINO MUSEUM

LIMITED ADMISSION TICKET

개관시간 AM10 ~ PM06 (월요일 휴관)   장소 중구 정동 22 경향아트힐 2층

- 이 티켓은 토이키노 장난감 박물관의 특별 초대권입니다.
- 이 티켓은 토이북 한정판 에디션에 수록된 티켓입니다.
- 이 티켓을 사용하여 1장당 성인(및 소인 포함) 2인의 입장이 가능합니다.
- 이 티켓은 입장 시 회수합니다(타인에게 양도 불가 및 재사용 금지).
- 이 티켓의 판매 및 복제를 금합니다(비매품).
- 이 티켓의 유효기간은 2015년 12월 31일까지 입니다.

TOYKINO MUSEUM